中国人民大学财税研究所

稽查政策机制设计：一个实验经济学视角

代志新 著

中国人民大学出版社
·北京·

图书在版编目（CIP）数据

稽查政策机制设计：一个实验经济学视角/代志新著.—北京：中国人民大学出版社，2019.5

ISBN 978-7-300-26945-0

Ⅰ.①稽… Ⅱ.①代… Ⅲ.①经济政策-研究 Ⅳ.①F110

中国版本图书馆 CIP 数据核字（2019）第 080291 号

稽查政策机制设计：一个实验经济学视角

代志新　著

Jicha Zhengce Jizhi Sheji：Yige Shiyan Jingjixue Shijiao

出版发行	中国人民大学出版社		
社　　址	北京中关村大街 31 号	**邮政编码**	100080
电　　话	010－62511242（总编室）		010－62511770（质管部）
	010－82501766（邮购部）		010－62514148（门市部）
	010－62515195（发行公司）		010－62515275（盗版举报）
网　　址	http：//www.crup.com.cn		
经　　销	新华书店		
印　　刷	唐山玺诚印务有限公司		
开　　本	720 mm×1000 mm　1/16	**版　　次**	2019 年 5 月第 1 版
印　　张	9.75　插页 1	**印　　次**	2024 年 6 月第 2 次印刷
字　　数	105 000	**定　　价**	76.00 元

致　谢

感谢国家自然科学基金项目“信息披露，内生性税务稽查与企业纳税遵从”（项目批准号：71703161）的支持。该书属于该基金项目的阶段性研究成果。

目　录

第 1 章　导论 ………………………………………………………… 1

1.1　传统计量方法在稽查政策研究领域面临的困境和挑战 ………………………… 1

1.2　实验方法的兴起 ……………………………………………… 2

1.3　稽查政策研究的经济学意义 ………………………………… 3

1.4　一种常见的稽查政策：严打 ………………………………… 4

1.5　在不确定性环境下的稽查严打政策 ………………………… 6

1.6　实验研究方法的一些优势 …………………………………… 8

1.7　本书研究案例的主要内容介绍 ……………………………… 9

1.7.1　案例一：在不确定性环境下的稽查机制优化设计 ………………………… 9

1.7.2　案例二：不同严打稽查政策的效率研究 ……… 11

1.7.3　案例三：在内生性严打稽查框架下信息披露对纳税遵从度的影响 ………………… 12

1.7.4 本书案例研究的主要发现概括 …… 15

第 2 章 在模糊性环境中稽查对公共品博弈合作的影响：一个实验经济学视角 …… 17

2.1 引言 …… 17
2.2 文献综述 …… 22
2.3 实验设计及预测 …… 25
2.3.1 实验组 …… 25
2.3.2 预测 …… 31
2.3.3 学习模型 …… 32
2.3.4 实验过程 …… 36
2.4 实验结果分析 …… 38
2.4.1 关于稽查概率的信念 …… 38
2.4.2 计量经济学分析 …… 43
2.4.3 捐献额度 …… 49
2.4.4 效率 …… 56
2.5 结果讨论和未来研究方向展望 …… 57
附录 2.1 证明过程 …… 60
附录 2.2 连续组的实验说明 …… 61
附录 2.3 在两个主要实验组中的主观信念分布情况 …… 72

第 3 章 严打的效率：一个公共交通背景框架下进行的现场实验室实验 …… 74

3.1 引言 …… 74

3.2 相关文献研究综述 …… 78
3.3 实验设计及实验程序 …… 81
3.3.1 实验设计 …… 81
3.3.2 实验程序 …… 86
3.3.3 逃票者的确定 …… 87
3.4 实验结果分析 …… 89
3.4.1 不同实验组的相对效率和有效性 …… 89
3.4.2 收益方面的相对效率 …… 98
3.5 结论和未来研究方向展望 …… 99
附录 3.1 …… 100

第 4 章 内生性严打，信息披露及税收遵从：一个实验研究 …… 102
4.1 引言 …… 102
4.2 相关文献 …… 106
4.3 一个动态的内生性严打理论模型 …… 109
4.4 实验设计及预测 …… 113
4.4.1 NoAnn 处理组 …… 113
4.4.2 PreAnn 和 PostAnn 处理组 …… 114
4.4.3 ExoNoAnn 处理组 …… 115
4.4.4 实验前与实验后问卷 …… 115
4.4.5 预测 …… 117
4.5 实验过程 …… 118
4.6 实验结果分析 …… 119

4.6.1 被试会对严打做出反应吗 …… 119
4.6.2 被试在非严打时期会完全逃税吗 …… 121
4.6.3 严打应被提前公布吗？如果是，应在何时 …… 122
4.6.4 严打平均持续多久 …… 124
4.6.5 策略相互依赖性对遵从度的影响是什么 …… 125
4.7 结论与未来研究方向展望 …… 127
附录 4.1 分析信念对申报行为的影响 …… 128
附录 4.2 实验说明 …… 131

参考文献 …… 135

第 1 章

导　论

1.1 传统计量方法在稽查政策研究领域面临的困境和挑战

自 1992 年诺贝尔经济学奖得主加里·贝克尔（Gary Becker）教授在 1968 年的研究成果（Becker，1968）发表以来，特别是近十年来，有越来越多的学者运用实证经济学方法来研究犯罪行为，经济学方法在犯罪研究领域做出了突出贡献（Levitt and Miles，2006）。Levitt 和 Miles（2006）在研究中总结了经济学方法的四个主要特点：(1) 强调激励效用对个人行为的决定性作用；(2) 运用计量经济学方法来确定非实验环境中的因果关系；(3) 注重公共政策的广泛影响；(4) 利用成本收益分析法来评估公共政策。然而，上述经济学研究方法也引来诸多质疑，尤其是基于宏观数据和理性行为假设展开的研究遭到很多质疑。其他反对观点则从测量误差延伸到了对经验结果的解释（Eide，2004）。近来一篇回顾近20年来刑事威慑的综述文献所得出的结论与这些反对意见一致，即支撑威慑力的证据是复杂的（Chalfin and McCrary，2014）。

1.2 实验方法的兴起

随着行为经济学和实验经济学的兴起和发展，经济学家现在能够进行对照实验室实验，而非仅依靠观察现实世界经济的运行情况。[①] 正如后文所述，与传统经济方法相比，运用实验方法研究犯罪经济学的优点之一是它新生了一种能够回答有关非法行为的原因和应对等关键问题的方式。这可能部分地解释了从20世纪90年代开始实验犯罪学研究呈指数增长的原因（Mazerolle and Bennett，2011）。然而，实验犯罪学家仅专注于随机性现场试验（Sherman，2010）。即使我们相信若合理执行现场实验能让我们更接近真相，也无法避免现场实验的缺点：实地混乱的操作会导致实验所基于的一些假设无法成立，那么实验所得出的合理因果推断可能会因此存在瑕疵（Teele，2014）。

Falk和Heckman（2009）共同在《科学》（*Science*）杂志上发表了一篇论文，认为实验室实验是社会科学知识的主要来源。他们认为实验室实验是一种广泛使用的方法，用于推进物理和生命科学中的因果知识。然而，除心理学外，实验室实验的使用在社会科学中发展得慢得多，虽然在过去的约二十年中，实验室实

① 参见诺贝尔奖官网。

验的使用已经加速。尽管如此，社会科学家们仍然面临相当大的阻力，他们认为实验室实验缺乏现实性和普遍性。他们通过将实验室社会科学实验与基于非实验数据和现场实验的研究进行比较来讨论它们的优势和局限性。最后，两位作者认为，“最近许多针对实验室实验的反对都是错误的，应该进行更多的实验室实验，而不是相反”。

1.3 稽查政策研究的经济学意义

本书写作的主要目的就是希望通过展示实验室实验如何对欺诈行为研究及其效率进行评估，以及评估稽查政策对于欺诈行为的有效性，从而为犯罪经济学提供“技术转移”。[①] 需要声明的是，本书所用的实验研究方法和结果并非替代传统经济学犯罪研究方法，而是与之相辅相成。

本书主要讨论在实验室中如何设计稽查[②]政策来遏制欺诈行为（如“搭便车”、逃票、逃税）。[③] 聚焦欺诈行为，是因为其在经济生活中诸多领域都被重点关注，例如金融领域、公共交通、体育界、政治界和学术界，而且欺诈给社会造成了巨大损失。例如，美国的总税差超过美国国家税务局（Internal Revenue Service,

---

① 有关税收合规的实验研究有很多，对税收合规实验外部有效性的讨论可参见 Alm 等(2015)。

② 此处所对应的英文单词为 audit，该词的意思有审计、稽查等。本书中根据不同语境和汉语使用习惯会进行一定的调整，但是总体的意思是通过某种手段，如审计、稽查、督查、暗访等来发现违规违法行为，重在强调一种发现违规行为的机制设计。

③ 稽查政策同样适用于许多与欺诈相关的其他案例，涵盖腐败、保险欺诈等。

IRS）估计的实际税负的16%，保险欺诈约占美国所有索赔支出的10%（Mazar et al.，2008）。公司丑闻（如安然公司、兴业银行和大众公司的丑闻）会给股市带来直接影响，并可能在长时间内降低消费者的信任。有关预防和侦查欺诈以及增加合规性（如税收合规性）方面的稽查政策研究，无疑对降低执法成本具有重要意义。

然而，若没有稽查和相应的处罚，合规性就无法得到保障（Scotchmer，1987）。根据贝克尔（Becker，1968）开创性论文中所提及的经济学实践方法，当设定较低的稽查概率并施以严厉处罚时，合规性能够以最低廉的成本得到保障。然而，法律或社会公约可能会禁止严厉处罚（Scotchmer，1987）。从现实角度来看，在多数情况下惩罚水平的任何变化都可能意味着必须经历复杂的立法程序（Landsberger and Meilijson，1982）。因此，执法机构不得不将稽查策略作为唯一的选择变量（Scotchmer，1987）。事实上，稽查对于确保政府制定有效的监管计划以及个人和组织能够适当遵守法规发挥着重要作用（Cason et al.，2015）。然而，高昂的稽查费用会消耗本就吃紧的监管预算，因而提高稽查有效性的研究有助于经济高效地提升合规性，这对决策者而言非常重要。这也就是本书将关注重点放在稽查政策研究的原因。

1.4　一种常见的稽查政策：严打

本书涉及三个具体的研究案例，三个案例都来源于我博士期间的研究成果，主要内容根据博士论文改写而成。三个案例都研究了在不同情境下稽查机制的设计。尤其是三篇论文都涉及一项特殊的稽查规则，即“严打”，可粗略将其定义为执法人员数量和力度的突然增加，以及对具体违法犯罪或特定地点违法犯罪行为的突然打击（Sherman，1990）。

自20世纪90年代以来，严打成为全球许多国家执法政策的重要特征之一，包括美国和中国。该政策基于两个方面的考虑：一是在违法犯罪行为高度活跃的少数地区采取严打行动能够产生足够的威慑力；二是在违法犯罪高发地区则可以遏制犯罪率的进一步攀升，那么整个城市的总体犯罪率也会下降。基于这两个方面的考虑，严打策略得到了广泛的应用。

一些在现实生活中的例子包括税务稽查、交通执法（如拦截酒驾、超速行驶）、反腐败、公共毒品市场以及城市暴力行为打击、扫黄、扫黑等亦是如此。然而，严打行动通常耗费高额成本。例如，美国运输部的国家高速公路安全管理局于2015年8月21日至9月7日开展了一年一度的“清醒驾驶，否则停车”[①]的执法行动，以打击酒后驾车行为。此次开展的严打行动涉及全国10 000多个执法机构，对酒驾行为采取零容忍政策，酒驾司机须执行血液酒精浓度（blood alcohol content）0.08%或者更高级别的法定限制。这项行动大约耗费了1 350万美元。

第二个例子来自法国，在位于巴黎的讽刺周刊《沙尔利周刊》（*Charlie Hebdo*）总部遭受恐怖袭击之后，时任法国总理瓦

① 英文为：Drive Sober or Get Pulled Over。

尔斯发表讲话称："122 000 名执法人员已经被部署来保护法国人民了"。仅 11 个月后，巴黎再次遭受致命袭击，法国政府为了保障国家安全，将 115 000 名士兵和警察部署到街道上去巡逻。

中国严打的案例也不鲜见：公检法系统不断加大对犯罪活动的惩罚力度，并在一定时期集中力量针对特定违法行为进行严厉打击（即通常所谓的严打运动）。在 1983 年施行了第一次"严打"之后，公安部门又在 1996 年、2001 年和 2010 年分别实施了三次大规模的"严打"。

对于政府而言，这些部署和行为我们都已经习以为常。每次面临重大事件或者危机发生的时候，大量的资源就会被集中起来来进行应对。如果换一个角度，从经济学的观点来看，这些行动是否能有效地减少违法犯罪行为？潜在的违法犯罪是否会对这种严打行动做出反应？一旦严打行动取消，是否会继续发生一连串的犯罪行为？是否应当在事前公开严打行动？这种行动会对潜在的违法犯罪行为有教育效果吗？此外，严打行动应当持续多久？这些重要的问题仍然没有得到很好的解答。因此，本书的三个研究案例旨在通过提供一些实验性证据对这些问题进行初步的探讨。

1.5　在不确定性环境下的稽查严打政策

严打政策毋庸置疑在现实社会中具有非常重要的作用，但是如何在实验室中研究严打政策是一个非常大的挑战。为了能够更系统地刻画严打政策的不同方面，本书吸收了三个研究案例，这三个研究案例是相辅相成的。第一个研究案例的主要目的是探讨否存在替代方案来提高系统性稽查方案的效率（即严打行动）。第二个研究案例从相对有效性和效率的角度考察了各种外生性严打政策。第三个研究案例从理论和实验角度考察了内生性严打的有效性问题。

通过探讨在不同情境背景下严打政策的运用，本书竭力展现使用严打行动的全貌。值得特别指出的是，三个研究案例均在模糊性环境下测试了不同的严打机制。所谓模糊性，即个人虽未被告知稽查概率，但可能凭借经验推断出来（Ellsberg，1961）。在决策理论中，不确定性分为两种：风险（risk）与模糊（ambiguity），这两种概念既有联系又有区别。风险指的是在概率分布已知（known probability）的情况下的不确定性，而模糊则表明在概率分布未知（unknown probability）的情况下的不确定性。比如对于投硬币正反面的打赌（假设硬币是在理想的状态下的，不考虑其他影响因素）属于风险性不确定性，每次赢的概率为50%。而对于明天是否下雨的打赌则属于模糊性不确定性，因为下雨的概率是未知的。在不确定的情况下，虽然（主观）期望效用理论（subjective expected utility）已经成为现代经济学中最广泛应用的理论之一，但是该理论并没有区分风险和模糊的概念，一些在现实环境中的现象都对此理论提出了挑战。之所以在实验室中创建模糊性环境，是因为执法部门通常并不会提供有关稽查概率的信息。例如，在税务领域，美国国家税务局有意识地保持稽查甄选流程的不确定性（Alm et al.，1992）。

1.6　实验研究方法的一些优势

三个研究案例均采用实验方法。因为欺诈行为天然具有隐秘性的特点，所以很难获得可靠的实证数据。此外，运用的实验方法有着诸多优点：第一，因为被试是被随机分配到控制环境中，所以有助于排除选择偏差；第二，在实验室中可以观察许多在实证数据中无法直接观察到的变量（如期望值）；第三，在实验室中可创造一个良好的控制环境（如信息环境和外生随机过程）；第四，实验方法能提供可复制数据；第五，在已知变量内、外生性的前提条件下做出因果推断更加清晰。

使用实验方法（实验室实验、现场实验）获得数据，是为了更好地阐释欺诈行为的决定性因素以及衡量各种威慑政策的效率。鉴于以上优势，实验方法可被认为是探究不同稽查体制合规性的原因和影响，以及执法机构如何最优地预防和抑制违法犯罪等关键问题的最适宜的方法。

当然，实验方法也招致了诸多反对意见，其中最为重要的反对观点指出，实验室实验是在高度人为设定的环境中展开的，因此实验结果无法简单地外推至真实世界，这就意味着实验室实验缺乏现实性和外部有效性。Levitt 和 List（2007）定义了普遍影响实验室实验的五大因素，分别是：（1）道德伦理和社会规范的约束；（2）实验员效应；（3）决策时嵌入的情境；（4）样本选择的代表性问题；（5）博弈的初始禀赋问题。Falk 和 Heckman（2009）

以及 Camerer（2015）两篇文章就 Levitt 和 List（2007）中提及的实验室实验的限制性因素做出了一一回应。[①]

1.7 本书研究案例的主要内容介绍

1.7.1 案例一：在不确定性环境下的稽查机制优化设计

第一个研究案例探讨了一个成本较低的间断性（intermittent）稽查方案是否能够维持与系统性稽查方案相同的威慑效果。准确来说，它主要研究了当稽查（非）规律与频率存在不确定性时，对在公共品博弈背景下的合作的影响。已有研究文献表明，惩罚机制有助于减少公共品博弈中的“搭便车”行为（Fehr and Gächter，2000；Masclet et al.，2003；Bochet et al.，2006；Carpenter，2007），特别是由惩罚机制与奖励机制所带来的偏离集体成员捐献均值的正负向偏差均能增进效率（Falkinger et al.，2000）。然而，这项机制假定稽查是完美、连续、无成本的、无偏差的，尽管它有助于消除稽查的不确定性，但仍可能导致稽查成本过高。

那么，探究在不确定情境下是否能以更低频稽查来维持合作就有着重要的现实意义，如果答案是肯定的，就能最大限度地降低稽查成本，具有更强的现实性和可行性。更准确地说，这项研

① 参见 Fréchette 和 Schotter（2015）以及 Charness 和 Fehr（2015）。

究是在稽查可能性不明确的公共品博弈中，施以低于其他小组平均水平的集中惩罚。随着时间的推移，我们在不同实验组中操纵稽查的强度和规律性。经过多个阶段后，所有实验组均会经历一个稽查策略转换：稽查力度降为零，但被试对这种转变毫不知情。这种研究设计的目的在于了解个人在稽查概率发生剧烈变化时如何更新有关被稽查概率的感知信念。

本案例的研究结果显示，当人们在实验机制转换之前经历过高强度系统性稽查时，被试会向下修正关于被稽查概率的感知信念，并在稽查消失后立即降低对公共品的捐献额。相比之下，当稽查最初并不太频繁和不规律时，被试将保持坚定合作的信心，并在稽查撤回后继续保持合作。

我们认为其主要原因在于稽查的不规则性和不确定性会导致对稽查概率的判断更加困难，因此在无法准确判断稽查概率的情况下，被试更愿意相信稽查的存在，采取合作的行为来规避风险。通过提升进一步稽查的频率和惩罚的严厉性，本研究还发现频繁和严格的惩罚机制对促进进一步的合作存在着教育效果。

本研究的政策建议在于，在资源稀缺和预算赤字时期，研究发现可能对公共政策具有重要影响。如果一个公共政策必须依赖系统性稽查和严厉惩罚才能达到高水平的遵从度，那么也必将因高昂的稽查成本而付出代价。因此，如果在实际政策执行中考虑稽查成本，一个更加可行的政策建议就是：实施不确定性的、强度更低的稽查测量，同时提高惩罚力度，例如增加罚款额度。

1.7.2 案例二：不同严打稽查政策的效率研究

第二个研究案例的主要目的在于研究各种不同稽查严打政策的相对效率问题。在假设稽查资源是有限的情况下，是应该将稽查资源集中在一段有限时间内进行稽查严打，还是随着时间平均分配？哪种策略更加有效？经济学的一个重要的研究内容就是资源的使用效率问题，但是在稽查严打方面对于效率的研究，经济学家们却未给予足够的关注。

为了探究严打在遵守规则方面的相对效率，我们在法国的一个大城市进行了一项涉及公共交通乘客的实验室现场实验（lab-in-the-field）。该研究的一个重要贡献在于我们第一次能够甄别出真实世界的不诚实行为，并且将这种不诚实行为和实验室中的决策选择联系起来。具体而言，我们通过验证被试在实验结束时能否出示有效的车票，并让被试自我报告无票旅行的次数，以甄别出真正的逃票者。

此项甄别有助于观察真正的逃票者是否在实验中表现出异于非逃票者的行为，从而为实验的外部有效性提供证据。此次公共交通实验有助于研究欺诈行为如何对引入的各种稽查机制做出反应。在虚拟乘坐公共交通实验开始之前，被试需要选择是否为此次乘坐公共交通工具购票。

本案例研究了不合规行为是如何随着时间推移而演变的，这取决于在集中时间内是否被重复稽查与在分散时期中不规则稽查之间的博弈。更加具体地说，该研究分析了稽查在实施时和撤回后，个人对连续稽查的反应。我们还在实验中测试了早期或稍后阶段引入严打是否更为有效，以及是否应当在事先宣布严打行动。

此研究的主要研究结论如下：（1）与集中严打相比，分散性随机稽查能更有效地减少逃票行为，这种策略对现实世界的欺诈者影响更大；（2）长期稽查严打虽然减少了严打期间的逃票行为，但一旦严打结束，就会导致逃票行为集中爆发；（3）若事先告知稽查严打行动，将导致在非严打时期发生更多逃票事件。与分散式随机稽查相比，严打仅在短期内对买票行为产生积极影响。长远来看，严打可能会带来潜在的不利影响，因为在严打结束后逃票行为更加猖獗，甚至高于实施严打行动之前的水平。

本研究案例结果表明，在模糊性情境中，短时间内的稽查严打与随机稽查一样有效，但是长期来看，无论是在促进遵守规则还是执法机构成本收益方面来说都可能非常低效。

1.7.3 案例三：在内生性严打稽查框架下信息披露对纳税遵从度的影响

第三个研究案例重点研究了内生性稽查严打机制。在现实世界中，稽查严打往往因高犯罪率和严重事故而被触发，具有内生性的特点。如前所述，在巴黎发生两起恐怖袭击不久后，法国政府实施了两次打击恐怖主义的行动。在中国，高腐败率触发了一场声势浩大的反腐败行动（既拍“苍蝇”又打“老虎”）；针对新疆所发生的暴力恐怖事件，有关部门开展了一系列反恐行动。在美国，因一起严重交通事故，纽约市实施了对骑自行车者的严打行动；因暴力杀人案火速升至43年以来的高位，巴尔的摩市启动了一场名为“放下你的枪”的严打行动。该类事件数不胜数，在后面还会做进一步阐释。

尽管严打行动具有比较大的影响，但是从理论和经验的角度来看，迄今为止它并未得到经济学家的重视。为了弥补这一空白，本案例提供了一个简单的博弈论模型来刻画这一问题。通过构建博弈论模型来捕捉无处不在的内生性严打现象。

该理论模型是基于逃税为背景展开的，其中包括个人为逃避法定纳税义务而采取的非法和蓄意行为（Alm，1999）。选择逃税为背景有两个原因：一是逃税可能在所有经济犯罪中最为常见（Alm et al.，1993）；二是在税务欺诈领域使用稽查严打并不少见。例如，英国税务海关总署对税收欺诈行为进行了严打，成果显著，税收收入增加了72亿英镑。中国政府也对偷漏税行为进行了多次严打。美国也不例外，美国严打离岸避税行为的步伐始终未曾放缓。其他的包括欧盟委员会已开始加强严打企业逃税行为。在模型中，稽查概率有两种，即低和高（高稽查概率代表严打）。概率的高低取决于先前的稽查结果。当平均合规水平低于某一阈值时，会触发稽查概率提高（严打发生），直到其达到阈值为止。该模型的基本预测如下：（1）被试在非严打时期将避税，在严打期间则履行纳税义务；（2）公布严打行动对纳税遵从水平并无影响；（3）策略性的互动是预测严打行动发生的关键。[①]

随后我们利用实验室实验在不同信息设定情境下的结果来验

① 稽查概率不仅取决于被试自身的选择，而且受群体选择的影响。

证对该模型的预测。实验结果显示，在未宣告严打行动的处理组中，83.14%的被试在严打期间全额申报了他们的收入，因而严打持续时间很短，这表明了此类内生性严打的有效性。甚至在非严打阶段，被试所申报的收入也远高于理论预测水平。这与对现实世界观察的结果相一致：人们普遍认为在现实世界中保持着较高的遵从度水平，尽管实际稽查概率和所处罚金并不高。

本研究案例的一个关注点是信息如何影响纳税遵从行为。虽然信息在理论层面上不会对纳税遵从度产生影响，但是在现实世界中，我们观察到严打行动有些是事先公开的，有些是事后公开的，有些是不公开的。到底哪种信息设定最有效还没有相关的文献研究。因此，我们在实验中特意模拟了这些信息设定。实验结果表明：无论事前或事后公开严打，均有助于大幅提升纳税遵从度。一个有意思的研究发现是：只有当群体具有相互依赖特征时，内生性严打行动才能发挥显著效果。后文将会对这些结果进行进一步的讨论。

本研究案例的结论可能对如何设计更有效的严打政策产生重要影响，因为计划不周、思虑不全、管理不善的严打政策，可能造成的问题远比它们所解决的多。实验研究结果显示，被试能够根据严打行动的发生而迅速做出反应，这或许意味着长期性严打也许并不必要。事实上，Sherman（2014）发现在警察巡逻 15 分钟后，巡逻效果就开始下降，因此认为警察巡逻时间更短暂、次数更频繁，收效会更好。另一个直接的政策意义在于探讨了是否应该公开严打行动。研究结果表明：如果严打是内生性的，那么最好公开严打行动而非保密。

1.7.4 本书案例研究的主要发现概括

综上所述，这三个研究案例的结论为决策者设计更高效的稽查政策提供了新的实验性证据。具体来说有如下几点重要结论。

首先，第一个研究案例的实验室实验结果表明，在不确定环境中，与定期、持续性稽查相比，使用间歇性和不定期稽查策略收效更好，因为个人会更难以预知违规的后果。此外，间歇性稽查比定期和系统性稽查政策成本更低。

其次，第二个研究案例的现场实验结果表明，从政策角度来看，当外部施以严打时，在更长时间和更广范围内的分散性稽查比长期在相同时间与范围内进行集中稽查更有效。此外，实验结果进一步显示，那些在现场的逃票者更有可能在实验室实验中选择逃票，这对实验室实验的外部有效性给予了实证支持。因为在实验室中不仅有利于探究欺诈行为的决定性因素，而且在操纵重要政策变量时，更便于观察个人将如何反应。

再次，第三个研究案例的结果表明，如果内生性地出现严打行动，即使是在非严打时期，被试也会表现出一定的遵从度；无论是提前抑或事后公布严打行动，均有利于大幅提高纳税遵从水平。另外，遵从行为将随着严打出现而迅速做出反应，被试会迅速调整自身行为，来尽量避免触发严打。

最后，研究发现，当社会成员的行为彼此有策略性依赖时，严打行动才能产生显著影响。

总而言之，尽管将这些研究结果直接应用于实践中仍需谨慎考虑，我们仍相信这些研究发现对那些正考虑采用哪种干预政策来应对非法行为的决策者而言，具有重要价值。

这三个研究案例共同围绕如何为决策者设计出更有效的稽查政策这一核心问题进行了反思，并提供了直接证据。我们相信本书可以为以后的研究提供具体的研究范例，能够激发后来者的研究灵感，同时也希望政策制定者能够积极地吸收一些研究成果并且将其转化到实践中。

第 2 章

在模糊性环境中稽查对公共品博弈合作的影响：一个实验经济学视角

2.1 引言

众所周知，公共品的供给存在“搭便车”的问题（Isaac et al.，1985；Andreoni，1988；Ledyard，1995）。很多经济学家针对如何解决这一问题进行了很多研究。其中一个被普遍证实有效的机制就是引入惩罚措施（Fehr and Gächter，2000；Masclet et al.，2003；Bochet et al.，2006；Carpenter，2007）。

虽然惩罚能够增加合作，但是惩罚本身也同时会有一些负面作用和不利影响，例如短期内的效率损失问题，因为惩罚本身导致了成本的增加。另外一个负面作用就是可能同时改变纯粹的利他行为，具有一定的挤出效应，特别是在存在报复心理的情况下

(Gächter et al.，2008；Engelmann and Nikiforakis，2014)。因此，针对惩罚本身，也有一些经济学家研究如何更加有效地利用惩罚机制。他们提出的建议包括：(1) 以法律制裁代替私人惩罚来降低报复的可能性；(2) 惩罚要具有足够的威慑力；(3) 采取补贴和税收奖励（惩罚）；等等（Yamagishi，1986；Polinsky and Shavell，2000；Andreoni and Gee，2012；Tyran and Feld，2006；Andreoni and Bergstrom，1995；Falkinger，1996)。这些措施可能会解决其中的一些问题。其中一个有意思的机制建议要根据小组成员的平均捐献额（代表了一种社会规范）的偏离大小来决定是惩罚还是奖励（Falkinger et al.，2000)。理论模型和实验结果表明该建议的优点在于可以提升效率，但是该机制假定偏差是可以被连续测量的，因此该机制可能需要较高的监督成本。而且在越来越注重公民隐私的社会中，个人也可能会拒绝这种持续的监督和稽查机制。

在本研究案例中，我们的主要目的是研究在具有模糊性的环境下一个中央集权的惩罚机制的效率问题。我们在一个动态环境中改变稽查的概率和（不）规律性，探究是否可以提高在公共品博弈中外生性制裁机制的效率。① 在此研究中需要特别强调一下“模糊性”的定义。此处我们定义“模糊性”为实验被试关于稽查概率的信息并不是公开信息，被试只能通过自己的经验来推断稽查概率的分布。② 通过改变稽查频率的方法，我们分析了在经

① 外生性的意思是惩罚机制是事先给定的，不受被试自身行为的影响。

② 在英文里，uncertainty 和 ambiguity 两词具有一定的共同点，两者和 risk 的区别在于 risk 是可以计算出的明确的概率，而不确定性和模糊性则无法计算出明确的概率。

历了一系列连续稽查或一系列较低频，且不规则但惩罚措施较严格的稽查后，个人如何调整其对公共品的捐献水平。基于现有文献的研究结果，我们推测，在经历了不规则稽查而不是持续稽查之后，合作可以持续更长时间。如果人们不知道稽查的确切概率，（非）规则可能会限制学习真实稽查概率的能力，从而影响其对捐献的成本和收益的评估。事实上，在不同的框架中已经表明，在模糊情况下，即使在制度改变之后，间歇性刺激也会比连续刺激更持久地影响个人行为。同样，Bereby-Meyer 和 Roth（2006）的研究表明，当激励的概率不确定且不是连续强化时，重复博弈的学习过程要慢得多。这也可以解释在例如道路限速、公共交通或税收稽查等现实政策中，为什么稽查频率往往是不透明的且有一个动态变化的过程。

一方面，以前的研究发现了不确定性对提高遵从度有正面积极的影响（Friedland，1982；de Angelo and Charness，2012；Tan and Yim，2013），但是另一方面，其他人的研究则表明不确定性的增加可能会带来一定的负面结果。特别地，Alm 等（1992）发现税收支付如果在公共品收入之间被再次分配，不确定性反而会带来负面影响。因此，在现实生活中，也可以发现相反的例子：例如，在交通信号灯处使用固定摄像头，机场一直需要安检，等等。模糊及非规律性的稽查是否能够提高公共品供给并没有一个明确的答案。

为了研究这个问题，我们在本研究中设计了一个三人一组的线性公共品博弈实验。如果在某一轮次有稽查的情况下，其他组员的平均捐献的负偏差会触发制裁。与 Falkinger（1996）的设

计机制不同的是，出于简化的目的，积极的偏差并没有得到奖励。特别重要的一点就是在任何时间里，参与者都未被告知稽查发生的概率信息，他们必须通过参与博弈从自己的经验中推断出这一点。之所以强调这一点，就是因为在以往的文献中，被试往往被告知真实的稽查概率，但是我们认为在现实中，执法部门不会这样做，因此这也是本实验区别于以往文献中的实验的一个重要特点（特别是区别于 Alm et al.，1992；Mittone，2006；Kastlunger et al.，2009；de Angelo and Charness，2012）。

此外，尽管博弈持续了 50 个轮次，但是在 22 个轮次后通过完全取消稽查，我们故意引入稽查概率的急剧转变。在稽查策略改变之前，稽查频率和制裁水平在不同实验组之间进行改变。在连续实验组（continuous treatment）中，对前 22 个轮次均进行稽查。在间歇组 7（Intermittent 7）中，只有总共 7 次稽查在不同轮次间被随机分配，但制裁水平提升了两倍，这样做的目的在于对风险中性的被试维持大致相等的预期制裁成本，使实验组之间具有可比性。这两组实验组是主实验组。原因在于这两种主要的处理方式使我们能够衡量在稽查概率被降为零后，稽查的不规则性和频率如何影响被试的稽查概率认知和对公共品的捐献行为。

为了更进一步探究非连续稽查的效率问题，在其他实验组中，我们进一步减少了稽查次数，从 7 次减少到 5 次，从 5 次减少到 3 次，并分别称之为间歇组 5 和间歇组 3（Intermittent 5 and Intermittent 3）。为了检验不同罚款力度对行为的影响，我们还引入了与连续组的制裁程度相同但是稽查概率和间歇组 7 一样的实验组，将其命名为 Intermittent-7-Low，引入该组的目的

在于要测试公共品捐献行为的敏感性以及与稽查数量之间的关系，以期将稽查违规行为的影响与罚款水平的影响区分开来。

研究结果表明，假设稽查频率和惩罚力度①在稽查机制改变前都足够高，那么在模糊性环境下，不规律的稽查策略效率是最高的。事实上，在连续稽查实验组中，在稽查策略转变前被试会倾向于在高捐献水平上合作，但取消稽查后则几乎立即选择“搭便车”。相比之下，在间歇组 7 中，成员对公共品的捐献额度与在稽查策略转变之前连续组中的一样多，但在稽查策略发生转变后，合作衰退发生较慢，并且比连续组更平稳。

对于上述结果发生的原因，我们认为这主要是由于参与者基于经验对稽查概率认知的高度“锚定”以及对预测偏差的较低反应造成的。被试需要记住更多的信息来改变其对稽查概率的信念更新，这必将加剧信念更新的难度。连续组的情况则不同，当稽查频率变动较小时，被试可以更容易根据前一时期的预测偏差来更新其对新的稽查频率的认知。因此，在连续组中，稽查概率的感知强度在稽查策略发生改变后剧烈变化，从而影响了合作水平。与之相反，在间歇组中稽查概率的感知缓慢平稳下降，且始终高于持续组，这也解释了其对公共品的捐献额度为什么没有发生剧烈的变化。基于这些发现，本研究案例提出的政策建议就是：在模糊性环境下，稽查严打未必是一个好的选择，特别是考虑在实际情况下稽查成本一般都比较高。我们建议可以强化稽查概率的不规律性，并且不披露相关的稽查概率信息，这也和目前

① 此处的惩罚力度特指罚款额度，并不是罚款额度和稽查概率的乘积。

的一些政策措施一致，例如税务稽查中的双盲抽查机制。

本研究案例其余部分的组织结构如下：第2.2节简要回顾了相关文献；第2.3节介绍了实验设计和程序，并阐述了我们的预测；第2.4节报告实验结果；第2.5节讨论这些结果，得出结论并对未来研究方向进行展望。

2.2 文献综述

在现有的研究集中惩罚机制的理论文献中，有几种理论探讨了不确定性在遵守规范方面的作用。例如，Lazear（2006）通过对不同具体案例的探讨来说明什么时候信息应该更加明确以及什么时候信息不能公开。在拉齐尔（Lazear）的论文中，他举例说，教育工作者担心高风险测试会促使教师及其学生只关注测试，而忽略其他未经测试的知识方面。假设有人反驳说，虽然这可能是真的，但知道一些事情比什么都不知道更好，许多学生即使通过学习测试也会多少有所收益。拉齐尔还举了一个如何减少超速驾驶的例子来表明高风险测试的最佳规则取决于学习成本和监控（稽查）成本。对于高成本的学习者来讲，当监测技术效率低下时，最好公开将要测试的内容。这类似于告诉司机警察会在哪些路口执勤。如果知道了这些信息，驾驶员至少在这些道路上不会超速。如果当警察人数众多或相对于超速驾驶带来的罚款较高时，最好公开这些信息，这样可以形成较高的威慑。就学习而言，高成本学习者的孩子不太可能学习所有材料，因此在被告知

考试内容重点时会学到更多，否则他们可能什么也不学。

Eeckhout 等（2010）提出了一种基于激励的理论来研究“随机严打”政策，即高强度警务的间歇期是否可以成为最佳威慑政策。与我们的研究不同的是，打击行为是公开的，也就是存在预先的信息披露。在埃克豪特（Eeckhout）等的理论模型中，一个设定就是人们会事先被告知严打发生的时间信息。这个设定在现实中当然也有例子，但是我们认为如果严打的目的是惩治违法行为，那么公开之后严打的效果就会大打折扣，因此，我们重点强调了在模糊环境中参与者的概率感知行为。在法律和经济学的文献研究中，一些理论认为，最大化不确定性有助于遏制犯罪，因为个人无法准确评估参与此类行为的真正风险（Ross，1984；Harel and Segal，1999；Bebchuk and Kaplow，1992），此类推论的暗含假设是潜在的违法犯罪行为具有风险厌恶的特征。在税收领域，Snow 和 Warren（2005a）在理论上表明，稽查概率的更大不确定性只会鼓励具有风险厌恶和模糊性厌恶的纳税人的遵从度提高。同时 Snow 和 Warren（2005b）认为，只有在个体相信大部分稽查成功概率大的情况下，提高对逃税行为稽查概率的不确定性才能相应提高纳税遵从度。Snow 和 Warren（2007）的另外一个研究表明，对稽查概率主观认知的贝叶斯信念更新会导致比没有这种更新时发生更多的逃税行为，这表明在这种情况下提高不确定性可能会适得其反。然而，这些研究并没有考虑不同稽查模式之间的策略转变，也没有实证的支撑。

Friedland（1982）通过对纳税遵从的实验室实验表明，关于稽查的不确定信息增加了纳税遵从度。Tan 和 Yim（2013）比较了总量控制的稽查模式与不确定性策略性稽查模式并将两者和一个固定税率的税制进行了比较，发现不确定性模式增加了纳税遵从度。通过比较在税收和公共品两种不同情况下增加不确定性产生的影响，Alm 等（1992）发现不确定性会增加在税收环境下的遵从度，但公共品情况下的遵从度并不会增加。

在一个关于开车是否超速背景的实验中，de Angelo 和 Charness（2012）通过“合成抽签”（compound lottery）的方法引入了稽查威慑的不确定性，他们的研究结果表明，不确定性的增加会降低超速的可能性（类似的结果见 Backer et al.，2003）。此外，Spicer 和 Thomas（1982）没有发现不确定性对税收遵从的积极影响。我们的工作与上述研究的不同之处在于，我们的目的不是探讨模糊性本身对被试行为的影响。相反，我们只是引入一个模糊性环境来改变稽查的顺序和稽查的概率，以此来探究在彻底取消稽查之前，规律性稽查与不规律性稽查模式对遵从度的影响。

本研究案例采用的设计方案和 Kastlunger 等（2009）的研究有相似之处。他们也比较研究了纳税博弈中的遵从度问题。实验初始，其稽查策略是连续的，其后改为间歇性稽查方式。一个重要的区别就是：在 Kastlunger 等（2009）的实验设计中，被试被告知了平均稽查概率，但是不知道其在整个实验期间的分布情况。他们的实验结果显示，如果稽查资源集中在实验轮次的早期，纳税遵从度会比较高，但是之后纳税遵从度会降低，原因在于如果被试早期经历了很多稽查，在稽查总量一定的情况下，被试会比较容易推断出后期稽查的概率比较低，因此会导致比较低的遵从度。在我们的设计中，我们也同样改变了稽查频率，但是

主要目的在于要研究过去的被稽查的经验如何引发学习过程，即被试的信念是如何更新的。我们的设计和 Kastlunger 等（2009）的设计还有一个重要区别在于，我们的研究背景是公共品博弈而非纳税博弈，且被试不了解稽查的总体概率。Maciejovsky 等（2007）也进行了和 Kastlunger 等人类似的研究。

2.3　实验设计及预测

2.3.1　实验组

我们的主要实验设计包括两个实验组：Cont-Low-Fine（continuous low fine，意为连续低惩罚组）和 Int-High-Fine-7（intermittent high fine，意为间歇高惩罚组）[①]。为了方便，下文一律用 Cont-Low-Fine 和 Int-High-Fine-7 代指该实验组名称。在其他的实验组中，我们把间歇性稽查组的稽查频率从 7 降到 5、从 5 降到 3 来研究是否存在最优的稽查频率。这两组实验组被称为 Int-5-High-Fine（意为间歇高惩罚组 5）和 Int-3-High-Fine（意为间歇高惩罚组 3）。为了区分惩罚力度和频率，我们又引入了不同的惩罚力度，这一新的实验组被称为 Int-7-Low-Fine（意为间歇低惩罚组 7）。因为在 Cont-Low-Fine 中的稽查策略改变之前稽查是连续的，为了验证这种连续的稽查和近似连续稽查的效

---

① 此处 7 的意思是该实验组稽查总数为 7。

果是否相同，还引入了一个近似的连续稽查组，同时也改变了稽查的力度，该实验组被称为 Int-19-Low-Fine（意为间歇低惩罚组 19）。

下面我们就主要实验组的实验设计进行更加详细的说明。

Cont-Low-Fine 实验组

该组的主要组成部分是 50 个轮次的公共品线性博弈。在该公共品博弈中，每个小组都由三个固定的成员组成。为了更清楚地研究稽查策略的影响，我们设定每个小组的组成人员在整个实验期间保持不变。① 在每一个博弈轮次开始时，每个小组成员都拥有 20 实验币（experimental currency unit）②，每个被试需要决定对公共账户捐献出多少单位的实验币。每个博弈轮次包括三个阶段：第一个阶段为信念诱导阶段，该阶段的目的是了解被试对稽查的概率的判断；第二个阶段为捐献阶段，被试决定捐献多少拥有的实验币到公共账户；第三个阶段为处罚阶段，在该阶段，如果有稽查且条件符合触发惩罚机制的情况，会对“搭便车者”进行惩罚。下面更具体地说明这在三个阶段中的具体做法。③

在捐献阶段，小组成员必须选择他们为小组账户捐赠实验币的数量（0～20），剩余额度被保留在他们的私人账户中。三个小组成员对公共账户的捐献总额平均分配，公共账户的边际人均收益系数（marginal per capital return rate）为 0.5。

---

① 如果小组成员发生变化，也就是引入了陌生人配对策略，那么就会增加小组成员学习的成本，增加更多的噪音，基于该原因我们选择了小组成员保持不变的选项。

② 该做法是经济学实验的标准做法，该实验币一般可按照一定的兑换比率换算成真实的货币。

③ 我们把信念诱导放到下一个小节中单独说明。

在捐献阶段，小组成员的收益函数可以写为：

$$\pi_i^1=\left(20-c_i+0.5\times\sum_{k=1}^{3}c_k\right) \tag{2-1}$$

式中，c_i 为个人的捐献额度；c_k 为每个小组成员的收益额度，$k=1$，2，3。

下一个阶段涉及惩罚。在某些轮次中，三个小组成员的捐献会受到外部稽查。① 如果稽查显示一个小组成员的捐献额度少于其他两个小组成员的平均值，那么罚款就会降低其在第一个阶段的收益。其罚款是其他两个小组成员的平均捐献额度与个人捐献额度之差的 1.25 倍。② 如果在该期间没有稽查，或者如果稽查显示个体捐献额度不低于其他小组成员的平均水平，则该捐献阶段的收益保持不变。出于简化设计的目的，这里的设计机制与 Falkinger（1996）建议的方法有所不同，因为我们没有奖励高于捐献平均值的正偏差，只保留了惩罚的部分。

在惩罚阶段的末尾，收益函数可以写为：

$$\pi_i^2=\begin{cases}\left(20-c_i+0.5\sum_{k=1}^{3}c_k\right)-1.25(\bar{c}_{-i}-c_i), \\ \qquad\qquad \text{如果 } audit=1 \text{ 且 } c_i<\bar{c}_{-i} \\ \left(20-c_i+0.5\sum_{k=1}^{3}c_k\right), \\ \qquad\qquad \text{如果 } audit=1 \text{ 且 } c_i\geqslant\bar{c}_{-i} \text{ 或 } audit=0\end{cases} \tag{2-2}$$

① 英文为 exogenous audit，也就是说稽查是外部给定的。

② 该系数的选择要求既不能过高而使得惩罚力度过大，也不能过低，否则被试就不会做出反应，具体的系数选择一般是根据预实验的结果进行调整。

其中，$\bar{c}_{-i}$是其余两个小组成员的平均捐献值。

除了对他人捐献的策略不确定性之外，我们还引入了一个不确定（模糊性）的决策环境。个体未被通知在某一特定时期内将对捐献进行稽查的可能性，他们事先也并不了解在该实验中的稽查总数。

这里只是在实验局最开始阶段告知被试小组的选择在某些轮次有被稽查的可能性。在每一个轮次结束时，被试会收到关于小组捐献加总数额的反馈，以及稽查是否发生和他们自己被罚的额度（如果惩罚发生）。因此，他们必须从自己被稽查的经验中学习稽查概率并更新关于被稽查的信念。事实上，在前 22 个轮次的每一个轮次中，稽查都可能会发生。之后从第 23 个至第 50 个轮次，我们把稽查概率降为 0，但是没有把该信息告知被试。稽查策略改变的目的是了解被试的学习速度，也就是被试需要多久才能意识到已经没有稽查发生了。

信念诱导

为了了解被试对稽查概率的判断如何影响了他们对公共品捐献的选择，在每一个阶段的开始，我们测量了被试对稽查发生概率的主观认知。在选择他们的捐献额度之前，他们必须报告一个介于 0 和 100 之间的整数，以表明他们预计在当前期间稽查发生概率的可能性。根据激励相容原则，我们采取了二次平方的计分规则（Nyarko and Schottter，2002）。具体而言，参与者的收益是 2 欧元减去与预测准确性负相关的数字。减去的额度是报告的稽查概率与真实结果之间偏差的平方的两倍。假设报告的数量是 ∂，那么预测的收益由下式给出：

$$\pi^{P}=\begin{cases}2-2\left(1-\dfrac{\partial}{100}\right)^{2}, & \text{如果 } audit=1\\[2ex] 2-2\left(\dfrac{\partial}{100}\right)^{2}, & \text{如果 } audit=0\end{cases} \tag{2-3}$$

如果被试选择 0 或 100 的预测，则会导致最差或者最好的结果。被试被告知，最大化收益的最佳策略是表明他们对稽查发生的机会数量的真实信念。

实验收益

参与者将获得 50 期（1 期即为 1 个轮次）博弈中每个轮次的收益加上 50 期中的一期可能得到的预测报酬，这些具体轮次会在实验结束时被随机抽取。我们只选择一期的预测来支付报酬，其目的在于限制投机风险（Blanco et al.，2010）。

Int-High-Fine-7 实验组

间歇组与连续组相比，主要的区别有两个。第一，稽查频率在稽查转变之前间歇性发生，平均来看，每三个轮次会发生一次稽查，对于每个小组，我们在前 22 期中会稽查 7 次，其中包括对第 22 期的稽查。① 我们使得所有实验组在制度转变前的上一个稽查期中保持一致。其余稽查随机独立分布于各期中。与连续组一样，在第 22 期后将不再进行稽查，稽查的数量、频率和分布情况也不被知晓。第二，罚款系数为 Cont-Low-Fine 组的 3 倍（即为 3.75 而不是 1.25）。我们通过较高水平的制裁来弥补稽查概率较低的情况，因此针对风险中性个体的预期惩罚成本在两个实验组中相似，这也让两个实验组具有可比性。

① 我们指定第 22 期稽查发生的原因是为了界定一个清晰的稽查策略发生转变的结束点。

该实验组的收益函数可以写为：

$$\pi_i^2=\begin{cases}(20-c_i+0.5\sum_{k=1}^{3}c_k)-3.75(\bar{c}_{-i}-c_i), & \text{如果 } audit=1 \text{ 且 } c_i<\bar{c}_{-i}\\ (20-c_i+0.5\sum_{k=1}^{3}c_k), & \text{如果 } audit=1 \text{ 且 } c_i\geqslant\bar{c}_{-i} \text{ 或 } audit=0\end{cases} \tag{2-4}$$

其他规则均与 Cont-Low-Fine 实验组相同。因此，如果我们观察到该组实验与前一种实验之间存在行为差异，那么该差异应该归因于稽查策略的不同。

为了进一步分离出稽查频率和惩罚力度，并找出最有效的稽查频率，我们还设计了额外的一些实验组。这些实验组和上面两组主要的实验组有一些细微的区别，下面对这些区别进行介绍。

其他实验组

为了研究公共品捐献对稽查频率的敏感性，我们设计了额外的实验组——Int-5-High-Fine 和 Int-3-High-Fine 实验组，这两组都与 Int-7-High-Fine 一样，区别在于它们在前 22 期中的稽查次数分别从 7 次降到 5 次和 3 次。同样，这些信息并未告知被试，惩罚系数还是 3.75。为了分离出稽查频率对决策的影响，我们还设计了 Int-7-High-Fine 实验组的一个变异：Int-19-Low-Fine，在该实验组中我们把稽查频率从 100%降到了 85%（也就是说，稽查总数从 22 次降到了 19 次，这样做的目的是为了检验在非极端情况下被试行为是否发生变化），在该组中惩罚系数是 1.25，其

他条件均与 Cont-Low-Fine 实验组一致。

对风险态度、模糊性偏好和损失厌恶的测量

在每个实验局开始之前，我们均对被试的风险态度和模糊性偏好在一个收益框架（gain domain）下进行测量。具体做法是：在阅读实验说明前，我们要求被试按照类似于 Fox 和 Tversky（1995）的设计对一个明确的和模糊的收益选项进行选择，每个选项对应了一个可能的收益。在实验结束时，随机抽取两组决定中的一种。随后，使用类似于 Gächter 等（2010）中的设计对被试的损失厌恶进行测度。① 这些选择在实验开始时被做出，但结果只在公共品博弈后公布，其目的是为了避免收入效应。②

2.3.2　预测

首先，我们假设在有单次博弈的情形下，被试能够准确地预测稽查是否会发生。惩罚是可信的，因为它是外部给定的。在没有稽查的情况下，“搭便车”是一项占优策略，因为从小组账户中返还的边际资金比私人账户少（0.5 vs 1）。

在存在稽查的情况下，有多个纳什均衡，因为每个可能的捐献水平都是一个纳什均衡。其原因在于，如果所有成员的捐献额度相同，惩罚就不会发生。虽然存在很多个纳什均衡，但是如果考虑收入最大化的情况，那么全部捐献就是一个收入占优的纳什均衡。

---

① 需要说明的是，该设计具有争议，有学者认为该设计不能很好地测度损失厌恶。

② 收入效应（income effect）可能会导致被试的行为发生偏移（bias）。

其次，我们假设个人对被稽查概率有相同的先验认知，并且这些认知是风险中性的。在 Cont-Low-Fine、Int-19-Low-Fine 和 Int-Low-Fine 实验组中，如果被试认为被稽查的概率大于 40%，则捐献额应为 20，也就是所有的禀赋，否则捐献额应为 0。在 Cont-High-Fine、Int-7-High-Fine、Int-5-High-Fine、Int-3-High-Fine 实验组中，如果被试认为被稽查的概率大于 13%，则捐献额应为 20，否则为 0（见附录 2.1 的证明）。根据倒推归纳法，只要重复博弈是有限的，单次博弈的均衡结果在重复博弈中也适用。另外需要指出的是，因为小组成员在实验中一直保持不变，因此被试的行为也有可能受到声誉的影响，但是如果该影响存在，则其在所有实验组中都应该是一致的，因此不会影响处理效应的推断。

2.3.3 学习模型

前面已经提及，参与者必须从他们过去的经验中推断稽查的概率分布。了解被试如何从过去的经验中推断稽查的概率分布对解释他们的行为具有重要意义。我们提出了一个简单的学习模型来帮助我们更好地理解这一过程。首先，我们假设在每个阶段开始时，参与者根据他们过去的稽查经验更新他们的认知。其次，我们假设他们是有限理性的且被试不是根据贝叶斯规则，而是根据对认知要求较低的类贝叶斯过程（Hogarth and Einhorn，1992；Hogarth and Villeval，2010）更新其认知的。此外，我们假设一个简单的“锚定”和调整过程，即判断以前一次评估为基础，并

根据最近一段时间的经验进行更新。模型如下：

$$S_k = S_{k-1} + w_k [s(x_k) - S_{k-1}] \tag{2-5}$$

式中，S_k 表示在经历了 $k(0 \leqslant k \leqslant 1)$ 个轮次后的下一个期间稽查将会发生；S_{k-1}表示在上一个期间会被稽查；$s(x_k)$ 表示在第 k 个期间是否会被稽查，如果被稽查，则 $s(x_k)=1$，否则 $s(x_k)=0$；w_k 是确定最新的经验证据如何修改先前认知的调整参数。该过程与 EWA 强化学习模型类似。[①]

当 $[s(x_k) - S_{k-1}] \leqslant 0$ 时，假定 w_k 与 S_{k-1} 成比例，我们有：

$$\text{当}[s(x_k) - S_{k-1}] \leqslant 0 \text{ 时，} w_k = \alpha S_{k-1} \tag{2-6}$$

和

$$\text{当}[s(x_k) - S_{k-1}] > 0 \text{ 时，} w_k = \beta(1 - S_{k-1}),\ 0 \leqslant \alpha,\ \beta \leqslant 1 \tag{2-7}$$

模型可以被改写为：

当 $[s(x_k) - S_{k-1}] \leqslant 0$ 时，

$$S_k = S_{k-1} + \alpha S_{k-1} [s(x_k) - S_{k-1}] \tag{2-8}$$

当 $[s(x_k) - S_{k-1}] > 0$ 时，

$$S_k = S_{k-1} + \beta(1 - S_{k-1}) [s(x_k) - S_{k-1}] \tag{2-9}$$

α 和 β 分别代表被试对稽查过度或不足预测的态度。我们预计被试的关于稽查概率的信念更新速度受到稽查频率的影响。事

---

① Camerer, C. and Hua Ho, T. (1999). Experience-weighted Attraction Learning in Normal Form Games. *Econometrica*, 67 (4), 827 - 874.

实上，在连续实验组中，当经历的稽查频率变化水平较低时，α 和 β 应该更高。也就是说，被试更重视最新的证据，因为需要较少的信息来更新信念认知。相比之下，在间歇实验组中，参与者应该更加重视 S_{k-1}，因为需要更多的信息来评估稽查概率的变化。

我们用 R 软件进行了模型的仿真模拟。图 2－1 显示了当有超过 50 期时这些假设的仿真模拟结果，此处对 Cont-low-Fine 实验组我们设定 $\alpha=\beta=0.05$，Int-High-Fine-7 组为 $\alpha=\beta=0.02$。对于每一个实验组在图 2－1 中显示的结果取的是 30 次随机仿真模拟的平均值。另外我们也对其他的 α 和 β 的取值进行了模拟，例如我们也模拟了 $\alpha>\beta$ 和 $\alpha<\beta$ 的情况，发现结果和上述取值没有显著的差异，因此上述取值是比较稳健的。

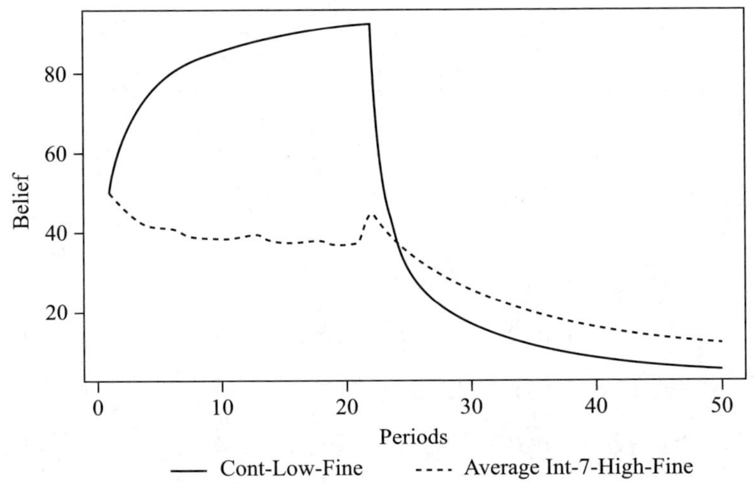

图 2－1[①] **对 Cont-Low-Fine 和 Int-7-High-Fine 中信念学习模型的模拟**

（在 Cont-Low-Fine 中，$\alpha=\beta=0.5$；在 Int-7-High-Fine 中，$\alpha=\beta=0.2$）

① 本书中图表由英文软件得出，故显示中多包含英文，下同。

图 2－1 显示我们的模型预测了不同的学习路径。在 Cont-Low-Fine 实验组中，稽查概率发生的主观信念在早期阶段增加并在稽查停止后立即大幅下降。在 Int-High-Fine-7 实验组中，稽查概率发生的主观信念在第 22 期之后至实验结束保持一个相对稳定的下降趋势。而且在稽查策略发生变化后，稽查概率发生的主观信念仍然高于 Cont-Low-Fine 实验组。

基于这个简单的模型和仿真结果，我们可以做出以下假设。

假设 1：

前面实验轮次发生的稽查对于稽查概率信念的影响在连续性实验组（包括 Int-19-Low-Fine，因为该实验组和连续性实验组的稽查频率比较类似）中的影响大于在间断性实验组中的影响，因为在间断性实验组中“锚定”的影响更大。

假设 2：

在连续性实验组中（包括 Int-19-Low-Fine），对稽查概率的信念认知在早期阶段会增加，且在第 22 期后当稽查结束时立即下降。

假设 3：

对于 Int-7-High-Fine 实验组，稽查概率的信念在第 22 期之前会保持稳定，在第 22 期之后会有一个缓慢的下降，并且该信念仍然高于连续性实验组，在其他间歇组（Int 5 和 Int 3）中的认知演变遵循与间歇组 7 相同的模式。

如果我们假设实验成员风险中立，且具有相同的先验信念（即认知）。同时，如果我们考虑收益主导的概念，则可以对各实验组中的捐献行为做出以下假设。

假设 4：

在连续组（Cont-Low-Fine、Cont-High-Fine，包括近似连续组 Int-19-Low-Fine）中，当被试认为被稽查的可能性超过 40％时，个体将捐献其全部禀赋，否则为 0。在稽查策略转变前，被试们的捐献水平越来越高；在转变后，他们会选择“搭便车”。

假设 5：

在 Int-7/5/3-High-Fine 中，当被试认为被稽查的可能性超过 13％时，个体将捐献其全部禀赋，否则为 0。与 Cont-Low-Fine 组相比，在稽查策略转变之后，应该能在更长时间内观察到合作情况。在间歇组 Int-7-Low-Fine 中，“搭便车”应该发生得更早。

另外，个体更加担心受到制裁、规避风险、模糊性及损失厌恶都会增加所有实验组的预测捐献水平。

2.3.4 实验过程

我们通过 ORSEE（Greiner，2004）软件邀请了 291 个来自当地工程学院和商学院的本科生作为实验的参与者。我们在位于法国里昂的法国国家科学院 GATE 经济理论研究所（Groupe d'Analyse et de Théorie Economique）进行了 18 次实验局，包括 Cont-Low-Fine 实验组 4 次，Int-7-High-Fine 实验组 4 次，以及 Int-5-Low-Fine 实验组、Int-3-Low-Fine 实验组、Int-7-Low-Fine 实验组、Int-19-Low-Fine 实验组、Cont-High-Fine 实验组各 2 次。为了检查关于稽查概率的信念测量是否会影响捐献水平，我们在 Cont-Low-Fine、Int-7-High-Fine 实验组的一半实验局中进

行了测度，其原因在于，我们想了解关于稽查概率的信念测度是否会引发行为的差异，因为有文献表明，该测度有可能会导致行为发生一定的变化。在其他组实验中，全部使用了关于稽查概率的度量。表 2－1[①] 展示了实验局的描述性统计信息。

表 2－1　　实验局统计信息

Session number	Treatment	Number of audits	Sanction coefficient	Belief elicitation	Number of participants
1	Cont-Low-Fine	22	1.25	No	18
2	Int-7-High-Fine	7	3.75	No	15
3	Cont-Low-Fine	22	1.25	No	12
4	Int-7-High-Fine	7	3.75	No	15
5	Cont-Low-Fine	22	1.25	Yes	15
6	Cont-Low-Fine	22	1.25	Yes	18
7	Int-7-High-Fine	7	3.75	Yes	15
8	Int-7-High-Fine	7	3.75	Yes	15
9	Int-5-High-Fine	5	3.75	Yes	15
10	Int-5-High-Fine	5	3.75	Yes	18
11	Int-3-High-Fine	3	3.75	Yes	18
12	Int-7-Low-Fine	7	1.25	Yes	15
13	Int-3-High-Fine	3	3.75	Yes	9
14	Int-7-Low-Fine	7	1.25	Yes	12
15	Cont-High-Fine	22	3.75	Yes	21
16	Cont-High-Fine	22	3.75	Yes	21
17	Int-19-Low-Fine	19	1.25	Yes	18
18	Int-19-Low-Fine	19	1.25	Yes	21

当被试到达实验室的时候，通过从不透明布袋中抽签的办法随机分配电脑终端。实验说明共有三部分，每一部分都是在前一

① 我们假定本书的读者群体具有一定的专业知识，故为了保持原汁原味和国际对接，相关表格均未被翻译成汉语。

部分完成的情况下再进行分发，且实验说明都被大声读出来（实验说明参见附录 2.2）。

如果被试有疑问，实验员会私下进行解答。在实验正式开始前，我们检查了被试对于实验的理解程度。在实验结束时，参与者需要完成一个调查问卷。实验参与者的收益由对实验不知情的秘书在一个独立的房间进行单独支付以保证收益的私密性。该信息是公开的。

除付款时间外，实验大约持续 60 分钟。平均支付金额为 16.90 欧元（标准差为 4.51 欧元），其中包括实验参与费 4 欧元以及来自其他两部分实验内容之一的收益。

2.4 实验结果分析

我们首先分析关于稽查概率的认知随时间的演变情况，其次考察稽查策略对捐献的影响，最后对各组实验的收益水平进行比较。

2.4.1 关于稽查概率的信念

表 2－2 总结了在取消稽查前后，实验组对稽查发生概率信念的平均水平。图 2－2（a）则展示了稽查策略转变前后主要实验组（连续组和间歇组 7）中每种认知的相对频率。最后，图 2－2（b）展示了各实验组中关于稽查的信念的平均认知随时间推进的变化过程。

表 2－2　　关于信念、捐献和收益的总结统计信息

Variables	Periods	Continuous treatments		Intermittent treatments				
		Cont-Low-Fine	Cont-High-Fine	Int-7-High-Fine	Int-5-High-Fine	Int-3-High-Fine	Int-7-Low-Fine	Int-19-Low-Fine
Beliefs (0～100)	1～22	**67.3 (32.6)**	70.9 (33.7)	47.6^a (28.6)	48.4^a (26.4)	42.6^a (33.1)	49.7^a (29.7)	56.1^b (31.2)
	23～50	**31.6 (34.4)**	27.6 (34.4)	44.5^b (29.7)	41.3 (29.0)	30.3 (34.0)	41.3 (33.2)	41.4^c (34.5)
	All	**47.3 (38.0)**	46.6 (40.3)	45.8 (29.3)	44.4 (28.1)	35.7^a (34.1)	45.0 (32.0)	47.9 (33.9)
Contributions (0～20)	1～22	**15.3 (5.3)**	18.1^a (3.6)	15.4 (5.7)	14.9 (5.4)	12.2^b (6.1)	11.7^b (6.6)	12.8 (6.9)
	23～50	**8.2 (7.4)**	12.8^c (8.2)	13.9^a (6.5)	12.5^b (6.7)	9.8 (6.3)	8.4 (6.9)	10.3 (8.7)
	All	**11.3 (7.4)**	15.1^c (7.1)	14.6^a (6.2)	13.5 (6.3)	10.8 (6.3)	9.9 (6.9)	11.4 (8.1)
Negative deviation from average contribut. $(c_i-\bar{c})$ if $\bar{c}_i<\bar{c}$	1～22	**−4.3 (3.8)**	−4.4 (3.5)	−5.3 (4.9)	−4.9 (4.3)	−5.5 (4.9)	−6.2 (4.6)	−4.8 (4.1)
	23～50	**−5.7 (4.6)**	−6.5 (4.7)	−5.3 (4.9)	−5.0 (4.6)	−4.5 (3.6)	−5.8 (4.5)	−6.3 (5.2)
	All	**−5.2 (4.4)**	−5.8 (4.4)	−5.3 (4.9)	−5.0 (4.5)	−4.9 (4.2)	−6.0 (4.6)	−5.6 (4.8)
Payoffs	1～22	**25.9 (3.8)**	26.0 (7.8)	25.1 (9.1)	25.6 (7.7)	25.0 (6.9)	24.7 (5.2)	24.5 (4.2)
	23～50	**24.1 (5.3)**	26.4^b (5.4)	26.9^a (4.6)	26.2^a (4.7)	24.9 (4.4)	24.2 (5.2)	25.1 (5.6)
	All	**24.9 (4.8)**	26.2 (6.6)	26.1^a (7.0)	26.0 (6.2)	24.9 (5.6)	24.5 (5.2)	24.9 (5.1)
Number of observations		3 150	2 100	1 950	1 650	1 350	1 350	1 950

注：数字表示均值，括号内是标准误差。双尾曼-惠特尼检验显著性水平由 a、b、c 表示，分别对应 $p<0.01$，$p<0.05$，$p<0.10$，Cont-Low-Fine 实验组（加粗）作为对照组。

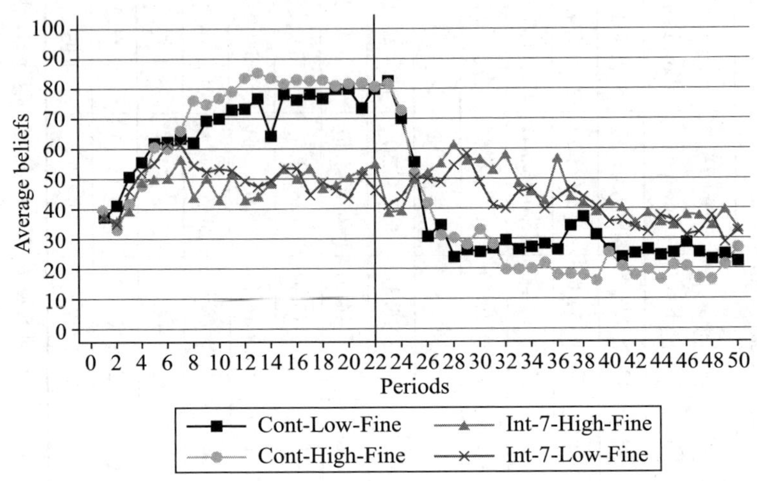

（a）不同惩罚力度下关于稽查的平均主观信念

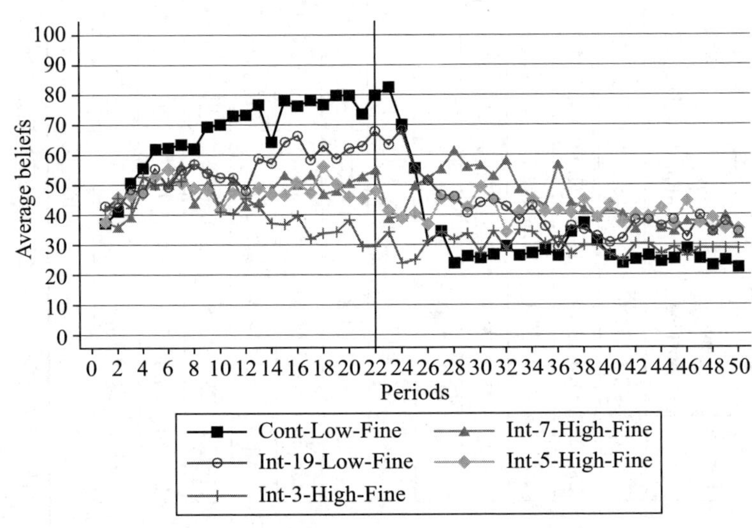

（b）不同稽查频率下关于稽查的平均主观信念

图 2－2　稽查的主观信念随时间的演变过程①

① 竖线表示在第 22 期之后稽查概率为 0。

不出意外，表 2－2 表明在前 22 期中，Cont-Low-Fine 组的稽查平均信念水平高于 Int-7-High-Fine 组。有意思的是，第 23～50 期的情况则正好相反，尽管两个实验组的实际稽查概率都是 0。曼-惠特尼检验[①]（以下简称“MW 检验”）显示两个实验组的稽查平均信念水平差异在第 1～22 期（$p=0.001$）和第 23～50 期（$p=0.029$）均显著。此处需要指出的是，该检验（包括后面使用该检验的所有情况）中每个小组的所有轮次的平均值为一个观测变量，且该检验是双边的。进一步降低稽查的频率（Int-19-Low-Fine）会对稽查主观信念在稽查策略改变之前有负的显著影响（$p=0.035$），在之后有正的显著影响（$p=0.068$），这表示被试与在 Cont-Low-Fine 组中相比学习的速度变慢。

对于其他实验组，在稽查策略改变之前对于稽查概率的主观信念的认知水平与基准组（Cont-Low-Fine 组）相比有显著差异（对于 Int-5-High-Fine、Int-3-High-Fine，$p=0.001$；对于 Int-7-Low-Fine，$p=0.003$）。在稽查策略改变之后（稽查概率降为 0），稽查概率的主观信念的认知水平与基准组相比无显著差异（对应的 p 值分别为 0.224、0.909 和 0.138）。

各实验组的信念认知分布有所不同。K-S 检验[②]（以下简称

---

① 曼-惠特尼（U 检验）又称“曼-惠特尼秩和检验”，是由 H. B. 曼（H. B. Mann）和 D. R. 惠特尼（D. R. Whitney）于 1947 年提出的。它假设两个样本分别来自除了总体均值以外完全相同的两个总体，目的是检验这两个总体的均值是否有显著的差别，是实验经济学中一个常用的检验。

② K-S 检验是以两位苏联数学家柯尔莫戈洛夫（Kolmogorov）和斯米尔诺夫（Smirnov）的名字首字母命名的，它是一个拟合优度检验，研究样本观察值的分布和设定的理论分布是否吻合，通过对两个分布差异的分析确定是否有理由认为样本的观察结果来自所假设的理论分布总体。

“KS 检验”）表明信念分布在 Cont-Low-Fine 和 Int-7-High-Fine 中有显著区别（对于第 1～22 期，$p=0.002$；对于第 23～50 期，$p=0.029$）。与基准组（Cont-Low-Fine）比较而言，在稽查策略转变之前差异均显著（在 Int-5-High-Fine 中，$p=0.006$；在 Int-3-High-Fine 中，$p=0.001$；在 Int-7-Low-Fine 中，$p=0.004$），但在稽查策略转变之后区别并不显著（p 值分别为 0.461、0.979 和 0.195）。

在基准实验组中，大多数（64%）被试低估了稽查策略转变之前的稽查概率，较低比例（59%）的个体高估了第 22 期后的稽查概率。相比而言，在 Int-7-High-Fine 组中，绝大多数被试高估了稽查策略转变前后的稽查概率（分别为 71%和 84%）。

图 2－2（a）表明，关于稽查概率的主观信念的认知随时间的演变与我们的仿真模拟结果一致（见图 2－1）。实际上，在基准实验组中，关于稽查概率的主观信念的认知水平在实验开始早期逐渐增加，在稽查策略转变后开始急剧下降，并没有与实际的客观稽查概率相匹配。在最后一个阶段中，关于稽查概率的主观信念的认知保持在一个正的水平上，因为一些被试仍然认为稽查是可能发生的。威尔科克森检验[①]显示，在稽查策略转变前后关于稽查概率的主观信念的认知具有显著差异（$p=0.004$）。在 Int-7-High-Fine 实验组中，情况有所不同。关于稽查概率的主观

① 威尔科克森（符号秩）检验亦称威尔科克伦代符号的等级检验，是由威尔科克森（F. Wilcoxon）于 1945 年提出的。在威尔科克森符号秩检验中，它把观测值和零假设的中心位置之差的绝对值的秩分别按照不同的符号相加作为其检验统计量。它适用于 T 检验中的成对比较，但并不要求成对数据之差服从正态分布，只要求对称分布即可。检验成对观测数据之差是否来自均值为 0 的总体（产生数据的总体是否具有相同的均值）。

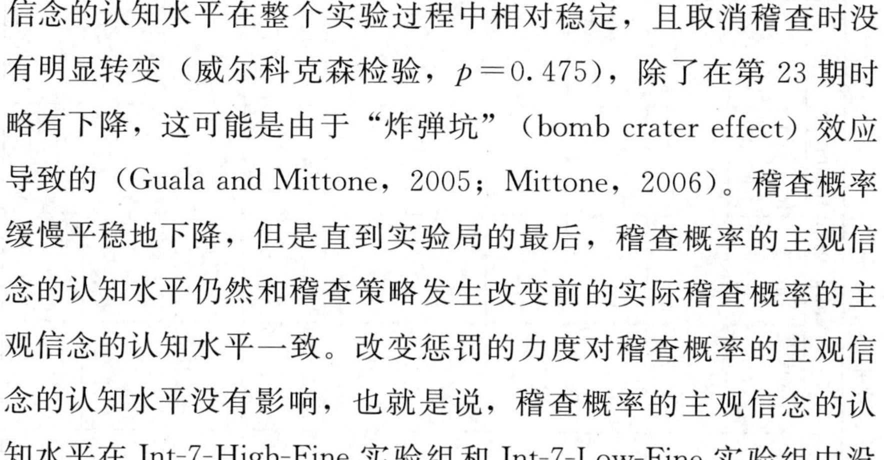

信念的认知水平在整个实验过程中相对稳定，且取消稽查时没有明显转变（威尔科克森检验，$p=0.475$），除了在第 23 期时略有下降，这可能是由于“炸弹坑”（bomb crater effect）效应导致的（Guala and Mittone，2005；Mittone，2006）。稽查概率缓慢平稳地下降，但是直到实验局的最后，稽查概率的主观信念的认知水平仍然和稽查策略发生改变前的实际稽查概率的主观信念的认知水平一致。改变惩罚的力度对稽查概率的主观信念的认知水平没有影响，也就是说，稽查概率的主观信念的认知水平在 Int-7-High-Fine 实验组和 Int-7-Low-Fine 实验组中没有显著区别（$p=0.110$），并且在 Cont-Low-Fine 实验组和 Cont-High-Fine 实验组中稽查概率转变前后稽查概率的主观信念的认知水平相似，均具有显著区别（$p=0.003$）。因此，我们从上述结果可以看出，改变惩罚的力度对稽查概率的主观信念的认知水平没有影响。

在其余的实验组中，威尔科克森检验显示关于稽查概率的主观信念的认知水平在稽查策略转变前后有所不同（在 Int-5-High-Fine 中，$p=0.033$；在 Int-3-High-Fine 中，$p=0.051$）。最后，在 Int-19-Low-Fine 实验组中关于稽查概率的主观信念的认知水平在稽查策略转变前后具有显著差异（$p=0.003$）。

2.4.2　计量经济学分析

为了正式测试模型预测的准确性，表 2-3 报告了 Tobit 模型（截尾回归）对各种稽查概率的主观信念的认知水平决定因素的

表 2-3　　主观信念的决定因素（Tobit 模型，标准误集中在小组水平）

Dependent variable: Beliefs	Periods			Continuous treatments			Intermittent treatments			
	1～22 (1)	23～50 (2)	1～50 (3)	Cont-Low-Fine (4)	Cont-High-Fine (5)	Int 7 (6)	Int 5 (7)	Int 3 (8)	Int-7-Low-Fine (9)	Int 19 (10)
Int-7-High-Fine	−27.31*** (6.87)	22.30** (9.35)	−0.30 (4.37)	—	—	—	—	—	—	—
Int-5-High-Fine	−27.40*** (6.65)	17.14 (10.97)	−3.29 (6.32)	—	—	—	—	—	—	—
Int-3-High-Fine	−34.60*** (6.38)	0.18 (10.36)	−16.13*** (5.65)	—	—	—	—	—	—	—
Int-7-Low-Fine	−25.32*** (7.40)	17.85 (11.05)	−1.96 (6.38)	—	—	—	—	—	—	—
Int-19-Low-Fine	−17.80*** (6.70)	13.59 (10.13)	−0.87 (5.44)	—	—	—	—	—	—	—
Cont-High-Fine	8.50 (7.70)	−5.80 (11.29)	0.82 (5.15)	—	—	—	—	—	—	—
Anchor	—	—	—	1.56*** (0.20)	1.82*** (0.22)	0.67*** (0.18)	0.88*** (0.20)	1.13*** (0.17)	0.66*** (0.13)	1.00*** (0.11)
Negative prediction error (alpha)	—	—	—	<0.01*** (<0.01)	<0.01*** (<0.01)	<0.01 (<0.01)	<0.01* (<0.01)	<0.01 (<0.01)	−0.00 (0.00)	<0.01 (<0.01)
Positive prediction error (beta)	—	—	—	<0.01*** (<0.01)	<0.01*** (<0.01)	<0.01 (<0.01)	<0.01 (<0.01)	<0.01 (<0.01)	<0.01 (<0.01)	<0.01 (<0.01)

续前表

Dependent variable: Beliefs	Periods			Continuous treatments			Intermittent treatments			
	1～22 (1)	23～50 (2)	1～50 (3)	Cont-Low-Fine (4)	Cont-High-Fine (5)	Int 7 (6)	Int 5 (7)	Int 3 (8)	Int-7-Low-Fine (9)	Int 19 (10)
Risk index in loss domain	1.75	0.82	1.29	1.50	−2.55	−1.87	−1.42	2.83	−1.29	3.75**
	(2.03)	(2.33)	(1.82)	(1.12)	(1.86)	(2.32)	(1.92)	(2.66)	(1.49)	(1.55)
Risk index in gain domain	−0.92	−1.28	−1.13	−0.73	0.28	−0.79**	−0.62	1.02*	−0.37	−0.84*
	(0.89)	(0.97)	(0.75)	(0.49)	(0.75)	(0.36)	(0.60)	(0.58)	(1.60)	(0.49)
Ambiguity aversion	0.70	0.60	0.66	0.10	−0.31	1.00**	1.02*	0.96	−0.46	−0.35
	(0.70)	(0.72)	(0.53)	(0.53)	(0.46)	(0.41)	(0.57)	(1.10)	(0.62)	(0.59)
Male	−5.41	−0.91	−3.10	−0.55	−3.82	−2.33	2.24	−11.25**	−4.19	−2.45
	(3.76)	(4.07)	(2.91)	(3.29)	(2.64)	(3.85)	(4.00)	(4.52)	(2.69)	(2.46)
Age	0.44	1.34***	0.94**	2.14*	0.35	0.49***	1.31***	0.77*	−0.07	−0.13
	(0.46)	(0.49)	(0.46)	(1.18)	(0.28)	(0.19)	(0.49)	(0.43)	(0.29)	(0.24)
Period	1.14***	−1.19***	−0.97***	0.36***	0.52**	−0.14	−0.12*	−0.26***	−0.29***	−0.17*
	(0.25)	(0.16)	(0.14)	(0.10)	(0.25)	(0.11)	(0.07)	(0.10)	(0.07)	(0.09)
Constant	57.18***	43.00**	56.32***	−85.69***	−51.98**	24.31***	−5.58	−30.82*	32.62**	2.04
	(15.85)	(19.60)	(15.72)	(29.43)	(20.32)	(9.04)	(12.10)	(17.04)	(15.51)	(8.91)
Observations	5 082	6 468	11 550	1 617	2 058	1 470	1 617	1 323	1 323	1 911
Left/right censored obs.	543/1 081	1 936/589	2 479/1 670	433/344	616/556	198/113	257/104	349/120	197/133	401/209
Log-pseudo-likelihood	−19 517.91	−23 285.52	−43 414.61	−4 729.15	−5 035.17	−5 924.01	−6 277.45	−4 599.19	−5 141.38	−6 715.30
Pseudo R^2	0.02	0.01	0.01	0.14	0.20	0.04	0.06	0.08	0.06	0.08

注：Cont-Low-Fine 组是对照组。括号内是标准误差，集中在小组水平。*** 为 $p<0.01$，** 为 $p<0.05$，* 为 $p<0.1$。

估计。[①] 稳健标准误差集中于组级别。[②] 前三种模型把所有实验组都放在一起，以基准实验组为基准参考组，并将各实验组作为虚拟变量放在模型估计里作为自变量。模型（1）涉及第 1～22 期，模型（2）涉及第 23～50 期，模型（3）则包括整个实验周期。模型（4）～(10）分别检测了各实验组。自变量包括稽查概率的主观信念在 $t-1$ 期的认知水平（锚定变量）以及对前一时期预测误差的反应这两个变量。当前一周期没有发生稽查时，负预测误差变量被定义为 $S_{k-1}\left[s(x_k)-S_{k-1}\right]$，否则为 0。当发生稽查时，正预测误差变量被定义为 $(1-S_{k-1})\left[s(x_k)-S_{k-1}\right]$，否则为 0。

所有模型都包括在收益和损失框架下的风险态度指标，该指标是由在两个风险彩票任务中的跳转点决定的。风险厌恶变量取风险彩票任务中切换点的值，这些值越高，个人的损失越少或风险越小。模糊性厌恶变量是由风险和模糊性彩票任务中两者跳转点的差定义的。正的值表示个体从风险彩票中有风险的选项跳转到一个确定性的值，因此该值越大，表明模糊性厌恶程度越高，反之亦然。最后，我们对性别和年龄进行了控制，并包含了时间趋势。

表 2-3 表明，与连续组相比，在稽查策略改变之前，也就是第 1～22 期，模型（1）中所有间歇组的稽查概率的主观信念认知水平显著较低，惩罚力度对稽查概率的主观信念认知水平没

---

① 最小二乘回归模型的估计结果和该模型基本相同，用 Tobit 模型的原因在于受数据的限制，左右两侧的变量观测不到。

② 因为每个组的决策都是相互依赖的，因此这里以组为单位。

有显著影响：Cont-High-Fine 实验组的回归系数不显著，而且 Int-7-High-Fine 和 Int-7-Low-Fine 两个实验组的回归系数也不显著（t 检验，$p=0.779$）；同样的，Int-7-High-Fine 组与 Int-5-High-Fine、Int-3-High-Fine 组的回归系数相比也不显著（$p=0.989$，$p=0.246$）。

相比较而言，在稽查策略发生改变之后，即第 23～50 期，在模型（2）中，稽查概率的主观信念认知水平在 Int-7-High-Fine 组中显著高于基准组。Int-7-High-Fine 组也显著高于 Int-3-High-Fine 与 Cont-High-Fine 组（$p<0.001$）。Int-7-High-Fine 组变量的系数与 Int-5-High-Fine 组和 Int-7-Low-Fine 组的回归系数无显著差异（p 值分别为 0.450 和 0.511），证实了稽查概率的主观信念认知水平和惩罚的力度无关，表明稽查次数从 7 次降低到 5 次或减少罚款金额不会对回归中的稽查概率的主观信念的认知水平产生较大的影响。

模型（4）～（8）支持了我们的理论预测，即当稽查概率方差变化水平较低时，在形成自己的稽查概率的主观信念认知时，近期的经验证据将占更大的权重；当方差水平较高时，则需要更多过去时期的信息。事实上，在连续组中，最近时期的负向预测误差（第 1～22 期）和正向预测误差（第 23～50 期）均会对稽查概率的主观信念认知产生显著影响，且两种类型的误差影响水平一致（$\alpha=\beta$，$p=0.152$）。相反，在大多数间歇组中，只有权重显著不为 0 时，$t-1$ 期的预测误差不会影响当前的稽查概率的主观信念认知水平。负向的预测误差只有在 Int-5-High-Fine［模型（6）］中有显著影响；过高估计 $t-1$ 期的稽查的概率也会降低 t

期的认知水平。

最后，风险厌恶和模糊厌恶的被试在 Int-7-High-Fine 组和 Int-19-Low-Fine 组中对于稽查概率的主观信念认知评估结果会更高。另外，作为一个稳健性检验，我们也在模型（1）～（3）中加入了一些交互项，但是这些基本都不显著，为了节约篇幅，此处省略具体的回归结果。

综上，对于稽查概率的主观信念认知的结果我们总结如下。

结果 1：

前期对于稽查概率的主观信念认知预测误差影响基准组主观信念的形成，但是对于 Int-7-High-Fine 组影响不大，因为该组需要更多的过去信息才能对稽查概率的主观信念认知进行预测。该结果支持假设 1。

结果 2：

在基准组中，稽查概率的主观信念认知在稽查策略发生改变后立即大幅下降。该结果支持假设 2。这个过程在 Int-19-Low-Fine 组中稍微慢一些。

结果 3：

相比较而言，稽查策略改变后，在 Int-7-High-Fine 组中的稽查概率的主观信念的认知水平缓慢而平稳地下降；完全取消稽查后，截至实验结束前，稽查概率的主观信念的认知水平也仍然高于基准组。该结果支持假设 3。

结果 4：

减少稽查次数或提高制裁水平对稽查概率的主观信念的认知水平的影响有限。

2.4.3　捐献额度

表 2－2 总结了稽查策略变化前后实验组的平均捐献水平。表 2－2 显示，在第 1～22 期，基准组（15.3 欧元）和 Int-7-High-Fine 组（15.4 欧元）的平均捐献水平没有显著差异（MW 检验：$p=0.573$）；同时分布相似（KS 检验：$p=0.319$）。此处需要指出的是，由于在基准组和 Int-7-High-Fine 组各有一半的实验局对稽查概率的主观信念进行了测量，因此我们也比较了有和没有测量的实验局是否有差别，无参数检验结果显示并没有显著差异，我们后面的回归分析将会把所有的实验局的结果合并在一起。

结果显示，在不完美的信念更新学习环境下，稽查概率降低三分之二，罚款金额提高三倍，基准组和 Int-7-High-Fine 组的捐献额度基本相当。相比之下，更为重要的发现就是在第 22 期以后（稽查策略发生改变之后），基准组的平均捐献额度下降至 8.2（欧元），但是 Int-7-High-Fine 组中仍高达 13.9（欧元）。捐献额度的均值和分布差异统计上也非常显著（MW 检验和 KS 检验：$p<0.001$）。

如果稽查频率给定，那么惩罚力度越大，合作程度越高。无论在稽查策略改变之前还是之后，平均捐献额度在 Cont-High-Fine 组中都会高于在 Cont-Low-Fine 组中（MW 检验：之前 $p=0.006$；之后 $p=0.055$）。对于稽查概率的主观信念也遵循类似的路径，因为预期的惩罚在基准组会高于 Cont-Low-Fine 组。同样，平均捐献额在 Int-7-Low-Fine 组中也会低于在 Int-7-High-Fine 组中（MW 检验的 p 值分别是 $p=0.034$ 和 $p=0.007$）。

如果稽查力度给定，那么稽查的频率就很关键。如果我们把稽查次数从 22 次降到 19 次，MW 检验显示对捐献额没有显著影响（之前 $p=0.311$；之后 $p=0.644$）。同样，如果我们把稽查次数从 7 次减少到 5 次，捐献额也没有发生显著变化（之前 $p=0.673$，之后 $p=0.398$）。然而如果我们继续把稽查次数从 7 次减少到 3 次，捐献额此时就会出现显著区别（之前 $p=0.050$；之后 $p=0.060$）。

更重要的发现就是，如果比较 Cont-High-Fine 组和 Int-7-High-Fine 组两个实验组，我们会发现在稽查策略改变之前，Cont-High-Fine 组的平均捐献额显著高于在 Int-7-High-Fine 组的平均捐献额（$p=0.019$），但是在稽查策略发生改变之后两者的差异并不显著。前者显著的原因是连续的稽查和高惩罚力度，后者不显著的原因可能是过去高水平的合作会产生惯性，在一个高稽查频率和高惩罚力度的策略下可能会产生一个教育效应（educative effect）。在一个不规律的稽查策略下，被试合作的原因可能是由于他们无法正确地更新关于稽查概率的主观信念的认知水平，这也可以被称为不规律导致的遵从效应。

图 2-3 展示了实验组随时间推移捐献水平的演变过程。

图 2-3（a）显示，在稽查策略改变之前，Cont-Low-Fine 组的捐献水平有规律地增加；此后，随着对稽查概率的主观信念的认知水平的下降，捐献也迅速下降，且像在标准公共品博弈中一样产生了“搭便车”行为。在第 50 期中，平均捐献额仅为 3.3

(S. D. ＝5.6)，几乎相当于全体成员选择"搭便车"。相比之下，Int-7-High-Fine 组的捐献在实验开始时保持稳定，在第 36 期后才开始下降。在第 50 期中，间歇组 7 的平均捐献额为 10.3（S. D. ＝

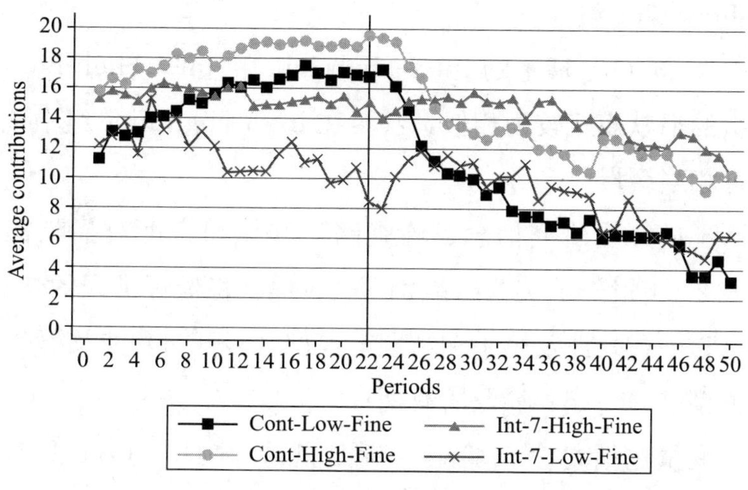

（a）不同惩罚力度下的平均捐献额

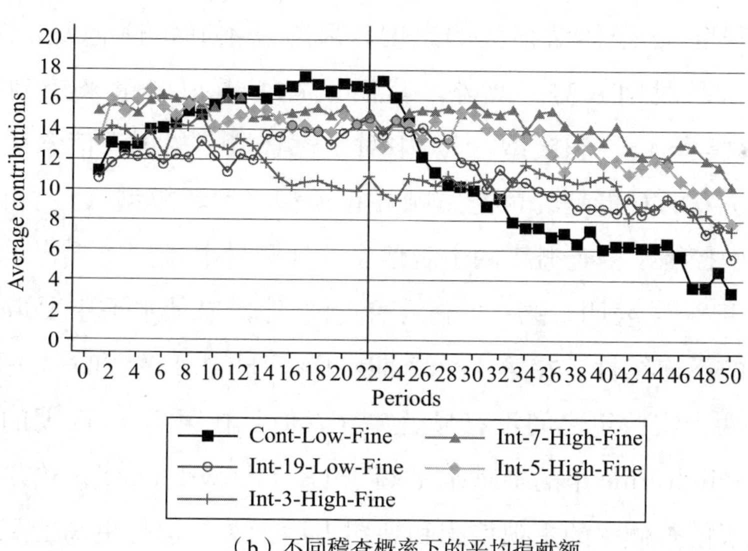

（b）不同稽查概率下的平均捐献额

图 2-3　平均捐献额随时间变化的情况

7.9)，显著高于连续组（MW 检验：$p<0.001$）。该图也显示了在 Cont-High-Fine 组中，虽然稽查力度较大，但是也无法阻止捐献水平的下降，只是在稽查策略发生改变之后下降的幅度小于 Cont-Low-Fine 组。

图 2-3（b）展示的 Int-7-High-Fine 和 Int-5-High-Fine 两个实验组的捐献模式较为相似，甚至在 Int-3-High-Fine 组中该下降趋势都相当缓慢。

为了进一步研究信念、稽查路径和惩罚力度对捐献额的影响，表 2-4 报告了实验组级别 Tobit 模型稳健标准误的估计值。模型（1）～（2）涉及第 1～22 期，模型（3）～（4）涉及第 23～50 期，模型（5）～（6）涉及所有期。

自变量包括每个实验组（哑变量），并且以 Cont-Low-Fine 组作为基准组，还包括其他成员 $t-1$ 期的平均捐献（表明团体合作程度）、个体对损失的态度、风险及不确定性态度、性别、年龄以及时间趋势。此外，我们设置了虚拟变量来控制模型（1）、模型（3）和模型（5）中对于稽查概率的主观信念认知测量所引发的对捐献的可能影响并在模型（2）、模型（4）和模型（6）中控制了稽查概率的主观信念认知测量本身。

表 2-4 表明，第一，除了信念之外，捐献水平主要取决于价差的不连续性。在第 1～22 期，Int-7-High-Fine 和 Cont-Low-Fine 两个实验组之间没有显著差异，但是在第 23～55 期的时候 Int-7-High-Fine 组的捐献水平高于 Cont-Low-Fine 组。第二，虽然关于稽查概率的主观信念和惩罚力度无关，但是更高的惩罚力度还是能够增加的捐献额，这是因为“搭便车者”是价格敏感者，

表 2-4　　捐献额度的决定因素（Tobit 模型，标准误集中在小组水平）

Dependent variable: Contribution	Periods 1～22		Periods 23～50		Periods 1～50	
	(1)	(2)	(3)	(4)	(5)	(6)
Int-7-High-Fine	−0.40 (0.91)	−0.15 (0.95)	2.66*** (0.75)	2.31*** (0.82)	1.27* (0.70)	1.31* (0.79)
Int-5-High-Fine	−0.37 (1.08)	−0.97 (1.04)	2.78*** (0.96)	1.40 (0.94)	1.32 (0.87)	0.35 (0.88)
Int-3-High-Fine	−1.64* (0.84)	−2.08*** (0.78)	1.47** (0.69)	0.74 (0.66)	0.10 (0.59)	−0.48 (0.55)
Int-7-Low-Fine	−2.29*** (0.86)	−2.89*** (0.78)	0.98 (0.82)	−0.40 (0.71)	−0.47 (0.63)	−1.48*** (0.56)
Int-19-Low-Fine	−0.47 (1.11)	−1.27 (1.11)	1.86 (1.40)	0.49 (1.40)	0.82 (1.09)	−0.31 (1.11)
Cont-High-Fine	3.64** (1.42)	2.50* (1.41)	3.98*** (1.32)	3.31*** (1.28)	3.66*** (1.15)	2.68** (1.16)
Belief elicitation	−0.60 (0.94)	—	−0.21 (0.77)	—	−0.34 (0.72)	—
Belief* elicitation	—	0.02*** (0.01)	—	0.05*** (0.01)	—	0.04*** (0.01)
Others' mean contribution in $t-1$	1.00*** (0.08)	1.00*** (0.08)	1.12*** (0.08)	1.12*** (0.08)	1.10*** (0.07)	1.09*** (0.07)
Risk index in loss domain	0.29 (0.27)	0.25 (0.27)	0.32 (0.30)	0.29 (0.30)	0.30 (0.25)	0.26 (0.25)
Risk index in gain domain	−0.01 (0.12)	−0.01 (0.12)	−0.12 (0.11)	−0.10 (0.11)	−0.06 (0.10)	−0.06 (0.10)
Ambiguity aversion	−0.01 (0.11)	−0.01 (0.11)	0.23** (0.11)	0.23** (0.11)	0.12 (0.09)	0.12 (0.09)
Male	0.15 (0.59)	0.19 (0.59)	−0.06 (0.64)	−0.02 (0.66)	0.05 (0.51)	0.10 (0.54)
Age	−0.11*** (0.04)	−0.11*** (0.04)	−0.05 (0.05)	−0.07 (0.05)	−0.08** (0.04)	−0.09** (0.04)
Period	0.02 (0.02)	0.01 (0.02)	−0.10*** (0.02)	−0.08*** (0.02)	−0.07*** (0.01)	−0.05*** (0.01)
Constant	4.05* (2.33)	3.08 (2.13)	2.19 (2.63)	0.73 (2.55)	2.39 (2.13)	1.10 (1.99)
Observations	6 111	6 111	8 148	8 148	14 259	14 259
Left/right−censored obs.	363/2 281	363/2 281	1 567/2 084	1 567/2 084	1 930/4 365	1 930/4 365
Log−pseudo−likelihood	−13 590.70	−13 563.30	−19 160.40	−19 054.81	−32 914.01	−32 760.22
Pseudo R^2	0.09	0.10	0.10	0.11	0.11	0.12

注：Cont-Low-Fine 组是对照组。括号内是标准误差，集中在小组水平。*** 为 $p<0.01$，** 为 $p<0.05$，* 为 $p<0.1$。

我们可以看到，Cont-High-Fine 组在稽查策略发生改变前后均显著。而对于 Int-7-Low-Fine 和 Int-7-High-Fine 两个实验组，无论稽查策略改变之前还是之后，回归系数均显著（$p=0.006$，$p=0.052$）。第三，Int-7-High-Fine 和 Int-5-High-Fine 两个实验组，回归系数均不显著。第四，个体捐献得越多，其他成员也捐献得越多。确实，除了被试是有条件合作外，平均捐献额作为一个惩罚触发条件也加强了这一效应。第五，模糊性厌恶程度越高，捐献额也越高。

为了评估各实验组中期望捐献如何调整，表 2－5 报告了 Tobit 模型的估计，其中因变量是 $t-1$ 期和 t 期之间捐献水平的演变。模型（1）涉及第 1～22 期、模型（2）涉及第 23～50 期，模型（3）则包括整个实验周期。自变量包括每一期间歇实验组中互相影响的 $t-1$ 期和 t 期的认知水平变化。实际上，该变量虽然不影响认知，但可能会对捐献的演变产生影响。同时，我们还控制了其他组员在 $t-1$ 期的平均捐献水平、个人特征和时间。

表 2－5 中的三个模型表明，由于对稽查概率的主观信念的认知水平的提高，两时期间的捐献水平由此提高。其中在 Int-7-High-Fine 组中该变化影响更大，但仅在第 1～22 期中如此。导致这种情况的原因可能不在于惩罚力度更大，因为在 Int-7-Low-Fine 中该系数也显著，但是在 Cont-High-Fine 中该系数不显著。在第 23～50 期和所有实验期中，认知的演变对实验中的捐献有相同的影响，但由于认知对间歇组中的即时预测误差的反应较小，因此间歇组的捐献减少程度低于连续组。在 $t-1$ 期中受到惩罚会激励个人提高自己的捐献，特别是在间歇组中。

表 2-5　捐献额在 $t-1$ 期和 t 期差额的演化决定因素（OLS 模型，标准误集中在小组水平）

Dependent variable: Evolution of contribution between $t-1$ and t	Periods 1～22 (1)	Periods 23～50 (2)	Periods 1～50 (3)
Evolution of beliefs between $t-1$ and t	0.03** (0.01)	0.06*** (0.02)	0.05*** (0.01)
Evolution of belief* Int-7-High-Fine	0.04*** (0.02)	<0.01 (0.02)	0.02 (0.02)
Evolution of belief* Int-5-High-Fine	0.04 (0.02)	<0.01 (0.03)	0.02 (0.02)
Evolution of belief* Int-3-High-Fine	0.05* (0.03)	0.03 (0.02)	0.03 (0.02)
Evolution of belief* Int-7-Low-Fine	0.03** (0.01)	0.01 (0.03)	0.02 (0.02)
Evolution of belief* Int-19-Low-Fine	−0.02 (0.02)	−0.03 (0.03)	−0.02 (0.02)
Evolution of belief* Cont-High-Fine	−0.02 (0.01)	−0.01 (0.02)	−0.02 (0.02)
Punished in $t-1$	2.92*** (0.27)	—	—
Punished in $t-1$* Int-7-High-Fine	0.53 (0.95)	—	—
Punished in $t-1$* Int-5-High-Fine	2.13*** (0.75)	—	—
Punished in $t-1$* Int-3-High-Fine	−0.03 (0.63)	—	—
Punished in $t-1$* Int-7-Low-Fine	0.04 (0.54)	—	—
Punished in $t-1$* Int-19-Low-Fine	−0.15 (0.50)	—	—
Punished in $t-1$* Cont-High-Fine	0.38 (0.60)	—	—
Others' mean contribution in $t-1$	0.04*** (0.01)	0.02*** (0.01)	0.03*** (0.01)
Risk index in loss domain	<−0.01 (0.03)	<0.01 (0.02)	−0.04*** (0.01)
Risk index in gain domain	<0.01 (0.01)	<0.01 (0.01)	<0.01 (0.01)
Ambiguity aversion	<0.01 (0.01)	<0.01* (0.01)	<0.01 (0.01)
Male	0.08 (0.07)	−0.05 (0.04)	−0.02 (0.02)
Age	<0.01 (0.01)	<0.01 (0.01)	<0.01 (0.01)
Period	<0.01* (0.01)	<0.01 (0.01)	<0.01* (0.01)
Constant	−0.86** (0.34)	−0.22 (0.27)	−0.21** (0.13)
Observations	4 851	6 468	11 319
R^2	0.18	0.10	0.10

注：括号内是标准误差，集中在小组水平。*** 为 $p<0.01$，** 为 $p<0.05$，* 为 $p<0.1$。

综上，我们对捐献的主要结果总结如下：

结果 5：

在 Cont-Low-Fine 组中，被试在稽查策略改变之前逐渐协调实现高捐献水平。在稽查策略改变之后，他们很快选择“搭便车”。这种行为符合认知的迅速变化。这些结果支持假设 4。

结果 6：

在 Int-7-High-Fine 中，个体捐献值与稽查策略改变前的 Cont-Low-Fine 一样多。稽查策略改变之后，合作水平仍然高于 Cont-Low-Fine 组，这是由于认知的强化以及对当前预测偏差的较弱反应。这些结果支持假设 5，同时也捕捉到了不规律、不确定性以及间歇性机制的残余的遵从效应。

结果 7：

虽然并不能阻止合作水平的下降，但是高频率的稽查和高惩罚力度具有一些教育效应。把稽查次数从 22 次降到 19 次或者把稽查次数从 7 次降低至 5 次在稽查策略改变之前对捐献额没有影响。进一步降低稽查频率或减少罚款金额，捐献额度会降低。这些结果支持假设 4 和假设 5。

结果 8：

风险厌恶对捐献额影响有限，但是模糊性厌恶程度在稽查策略改变之后会增加捐献额。

2.4.4 效率

表 2－2 总结了稽查策略改变前后以及整个周期各实验组的

平均净收益。结果表明，在取消稽查后，实验收益出现了差异。在 Int-7-High-Fine、Int-5-High-Fine 和 Cont-High-Fine 三个实验组中，由于小组成员保持合作且不用支付罚款，在稽查策略改变后收入增加，原因在于他们仍然保持一定程度的合作而且不用再支付罚款。相反，由于“搭便车”行为发展迅速，Cont-Low-Fine 的收入持续下降。在第 23～50 期中，Int-7-High-Fine 和 Int-5-High-Fine 两组的平均收益高于 Cont-Low-Fine 组（MW 检验：$p<0.001$；$p<0.014$）。考虑所有期后，只有 Int-7-High-Fine 组的收入较高（$p=0.030$）。减少罚款数额并不能维持间歇性稽查的有利影响，这支持了我们的结果 8。

结果 9：

在模糊性环境下，考虑在所有 50 期的情况下，使用间歇性稽查方案与连续但不太严格的审计方案相比可提高效率，而且与高稽查频率-高惩罚力度方案相比效率并没有降低。然而，需要注意的是，必须保持一定程度的稽查频率和惩罚力度才能提高效率。

2.5　结果讨论和未来研究方向展望

在模糊性环境框架下我们比较了连续和间歇稽查两种稽查机制（包括稽查策略改变）对提高公共品捐献额的影响。在模糊的稽查机制情况下，对于相似的预期制裁成本（即高概率低惩罚与低概率高惩罚），间歇性的稽查机制在维持合作方面更有效，而严打政策（一系列系统性/连续的稽查政策）效果更差，因为个人不能在不规则的环境中更新他们对稽查概率的主观信念的判断，这表明了由于学习困难导致的不确定性和不规则性的合规效应。

我们提出了系统性的证据，比较了在模糊的稽查制度下连续和间歇性稽查计划对强化公共品提供中合作的影响。结果表明，在模糊的状态下，如果制裁水平足够高，间歇性的稽查模式可以代替持续监测的行为有效地支持合作。此外，如果取消稽查，在间歇性稽查计划下的合作维持时间要比连续性计划下长得多。因此，相对于连续性稽查，我们发现间歇性稽查的效率有所提升。如果我们考虑到间歇性稽查的稽查费用可能较低，这一结果将更加显著。相关经济学原理可以追溯至关于个体更新其认知的相对困难的理论。我们的“锚定”和调整模型表明，当稽查不规律时，成员需要记住更长的事件序列来更新他们的认知，这就导致最近期的预测误差信息量影响较少。因此，当稽查不规律时，认知更新速度更慢，成员也会选择更长时间的合作。同时，由于合作存在附加条件，效率也能够保持在高水平区间。

然而，当增加预期的惩罚成本时，我们发现连续性稽查和高惩罚力度即使在稽查概率为零的情况下也会对捐献额有一个正面的影响，该发现具有一定的政策意义。我们发现在这种情况下高惩罚力度和高稽查概率具有一定的教育效应。而且更有意思的是，高遵从度显示该政策并没有表现出挤出效应。其原因可能在于两个方面：一是惩罚力度是外部给定的，因此和组中其他成员的行为无关，不涉及组员之间的信任问题；二是高惩罚力度使条件捐

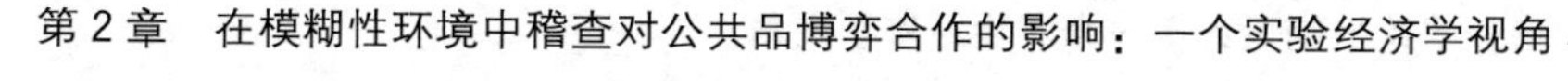

献者更有意愿维持一个比较高的合作水平。

我们已经知道在保持公共品合作方面惩罚的参数具有重要的作用，尤其是在非集权的惩罚机制中。我们在该研究案例中展示出，一个更加严苛的集权惩罚机制在一定的惩罚力度下也是有效的。

虽然我们在把结果外推的时候还需要保持谨慎，但是该研究案例也有一些有趣的发现，尤其是在财政赤字和资源不足的情况下。如果一个政策的基础在于用连续的稽查和严厉的惩罚来保证一定的遵从度，那么必须考虑到该政策的成本问题，如果成本过高，不妨考虑使用不规则的稽查策略，该策略需要更少的稽查资源，因此成本也更低，而且效果可能也和一个连续稽查的机制类似。

本研究当然还有很多没有研究的地方。未来可能的研究方向可以进一步检验该研究结果的稳健性，例如增加奖励机制。确实，我们的结果显示，增加不确定性可以增加遵从度，这与 Alm（1992）的发现相悖，但是这两者并不必然是矛盾的，因为实验的设计机制还是有很大区别的，在 Alm（1992）中惩罚的触发机制使用的是绝对值，而在我们的设计中只惩罚了捐献额相对低的被试。这个区别也可以解释 Kastlunger 等（2009）的结果，在他们的研究中针对不确定性进行了不同的设置。

另一个有意思的拓展可以测试稽查的最优间隔时间。最后，把该研究案例中的稽查策略倒置会产生什么样的效果也是一个值得探讨的问题。

附录 2.1 证明过程

假设其他小组成员的平均捐献额为 $\bar{c}_{-i}$，成员 i'的捐献可以被表达为：

$$\bar{c}_{-i}+\alpha_i \quad \text{如果成员 } i \text{ 多捐献了 } \alpha_i,\ \alpha_i>0 \qquad (A2.1-1)$$

或者表达为：

$$\bar{c}_{-i}+\beta_i \quad \text{如果成员 } i \text{ 少捐献了 } \beta_i,\ \beta_i\geqslant 0 \qquad (A2.1-2)$$

如果成员 i 选择超额捐献，那么他的收益方程可以写为：

$$\pi(\bar{c}_{-i}+a_i)=20+0.5\bar{c}_{-i}-0.5a_i \qquad (A2.1-3)$$

当 $\alpha_i=0$ 时，该方程达到最大值。因此，成员 i 没有动机超额捐献。

反之，如果成员 i 选择捐献额度少于其他成员的平均值，在有稽查的情况下，成员 i 将会受到惩罚。如果稽查发生的概率为 p，δ 是惩罚参数。那么，成员 i'的收益方程可以写为：

$$\pi(\bar{c}_{-i}-\beta_i)=20+0.5\bar{c}_{-i}+(0.5-p\times\delta)\beta_i \qquad (A2.1-4)$$

如果 p 已知，当 $p\times\delta<0.5$ 时，捐献额低于平均值有利可图。

给定其他人的平均捐献额，当 $p\times\delta<0.5$ 时，成员 i 的最佳选择是完全“搭便车”（$\beta_i=20$，$c_i=0$）。否则，如果 $p\times\delta\geqslant 0.5$，成员 i 应该和其他成员捐献一样多（$c_i=\bar{c}_{-i}$）。

因此，有 20 个纳什均衡，也就是说，每个平均捐献额都可以是纳什均衡。如果我们考虑收入占优策略，那么可以明确的是，部分捐献在线性公共品博弈中无法获得最大收益，因此捐献出所有禀赋是一个收入占优策略。

因为 δ 是已知的，但是 p 是未知的，所以成员没有任何关于 $p \times \delta$ 的先验信念。如果我们假设成员均具有相同的先验信念且风险中性，那么在连续组中，如果成员认为稽查的概率大于 0.4，他应该捐献所有的禀赋，反之捐献额为 0。在间歇组 7 中，该概率为 0.7。

附录 2.2　连续组的实验说明①

You are taking part in an experiment in economics during which you can earn money. Your earnings will depend on your decisions and on the decisions of the other participants with whom you will interact. It is therefore important to read these instructions with attention. You will also be given 4 Euros for showing-up on time.

This session consists of several independent parts. We have distributed the instructions for the first part; you will receive later the instructions for the next parts.

① 此版本是从法语版本翻译而来，为了与国际接轨，此处保留了英文版本。

At the end of the session, your earnings from the various parts will be added. You will be paid individually and in cash in a separate room, by somebody who is not aware of the content of the experiment.

Throughout the session, it is strictly forbidden to communicate with the other participants.

Part 1

Your computer screen will present you successively with two urns that contain each ten balls, either yellow or blue.

◦ The first urn contains 5 blue balls and 5 yellow balls.

◦ The second urn contains also blue and yellow balls but in unknown proportions.

For each urn, you must make 20 successive choices between drawing a ball from the urn with replacement or earning a certain amount of money. **If you draw a yellow ball from the urn, you earn € 5; if you draw a blue ball from the urn, your earn € 0.**

We propose you **20 certain possible amounts, from € 0. 25 to € 5,** as shown in the Table below. For each urn, you must make a decision for each of the 20 proposals. Only one of these decisions will matter for determining your earnings in this part, as explained below.

Once you have completed each of the two tables, please validate your choice by pressing the "OK" button.

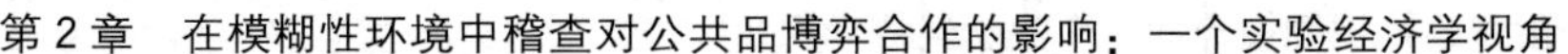

1	O I choose the certain amount of € 0.25	O I choose to draw a ball
2	O I choose the certain amount of € 0.50	O I choose to draw a ball
3	O I choose the certain amount of € 0.75	O I choose to draw a ball
4	O I choose the certain amount of € 1	O I choose to draw a ball
5	O I choose the certain amount of € 1.25	O I choose to draw a ball
6	O I choose the certain amount of € 1.50	O I choose to draw a ball
7	O I choose the certain amount of € 1.75	O I choose to draw a ball
8	O I choose the certain amount of € 2	O I choose to draw a ball
9	O I choose the certain amount of € 2.25	O I choose to draw a ball
10	O I choose the certain amount of € 2.50	O I choose to draw a ball
11	O I choose the certain amount of € 2.75	O I choose to draw a ball
12	O I choose the certain amount of € 3	O I choose to draw a ball
13	O I choose the certain amount of € 3.25	O I choose to draw a ball
14	O I choose the certain amount of € 3.50	O I choose to draw a ball
15	O I choose the certain amount of € 3.75	O I choose to draw a ball
16	O I choose the certain amount of € 4	O I choose to draw a ball
17	O I choose the certain amount of € 4.25	O I choose to draw a ball
18	O I choose the certain amount of € 4.50	O I choose to draw a ball
19	O I choose the certain amount of € 4.75	O I choose to draw a ball
20	O I choose the certain amount of € 5	O I choose to draw a ball

How do we determine your earnings in this part?

At the end of the session, the computer program will randomly determine which urn is used for payment. Next, for this urn, it will randomly draw a number between 1 and 20 to determine which of your 20 decisions will matter for determining your earnings.

• For this decision, if you have chosen the certain amount, this amount will be added up to your other earnings from the experiment.

• If you have chosen to draw a ball, the computer program will draw the ball from the selected urn. If a yellow ball is drawn, €5 will be added to your other earnings from the experiment.

——

If you have any question regarding these instructions, please raise your hand and we will answer your questions in private.

——

Instructions for Part 2

(*distributed after completion of Part* 1)

In this part, you must make six successive choices on your computer between accepting and refusing to take part in a lottery with two possible outcomes: yellow or blue.

◦ If you refuse the draw, you win €0 and you lose €0.

◦ If you accept the draw, you win € 6 if the computer program randomly draws the yellow color (which comes with a one in two chance) and you lose a certain amount if the computer program draws the blue color (which happens with a one in two chance).

In each successive decision, the amount of the gain is always €6 and the amount of the loss ranges from €2 to €7.

Your computer screen will display the following Table and you will make a decision on each line.

	I accept	I reject
1. If Yellow is drawn，I earn € 6. If Blue is drawn，I lose € 2.	O	O
2. If Yellow is drawn，I earn € 6. If Blue is drawn，I lose € 3.	O	O
3. If Yellow is drawn，I earn € 6. If Blue is drawn，I lose € 4.	O	O
4. If Yellow is drawn，I earn € 6. If Blue is drawn，I lose € 5.	O	O
5. If Yellow is drawn，I earn € 6. If Blue is drawn，I lose € 6.	O	O
6. If Yellow is drawn，I earn € 6. If Blue is drawn，I lose € 7.	O	O

Please look at the first line. In this line，you choose between accepting and rejecting a draw which gives1/2 chance to win € 6 and 1/2 chance to lose € 2. In the next line，you choose between accepting and rejecting a draw which gives 1/2 chance to win € 6 and the same chance to lose € 3. And so on until the 6th decision.

How we determine your earnings in this part?

At the end of the session，the computer program will randomly choose one of your six decisions.

◦ If you have refused to draw for this decision，your gain for this part is € 0.

◦ If you have accepted to draw for this decision，the program randomly draws one of two colors. If the yellow color is drawn，your gain for this part is € 6 that will be added to your other earnings in the session. If the blue color is drawn，you will lose a certain amount that will be deducted from your other earnings in the session.

———

If you have any questions about this instruction，raise your

hand and we will answer these questions in private.

Instructions for Part 3

(*distributed after completion of Part* 2)

This part consists of 50 periods.

All the transactions during this part are conducted in ECU (Experimental Currency Units), according to the following rules:

◦ Your total payoff in ECU for this part consists of the sum of your payoffs in each of the 50 periods comprising this part.

◦ ECU will be converted into Euros at the rate: 150 ECU= 1 Euro.

At the end of the session, the total amount of ECU you have earned during this part will be converted to Euros and added to your other earnings.

At the beginning of this part, the participants are divided into groups of three. You will therefore interact with two other participants. **During the 50 periods, you will interact with the same persons.** You will never be informed of the identity of these persons.

Description of each period

At the beginning of each period, each group member receives an endowment of 20 ECU.

The three participants belonging to a group can participate in a project by investing in a public account that will be shared

equally among them. The amount of this public account is determined by the sum of the individual investments of the three members of the group.

In some periods, the group members' investments can be reviewed by the computer program. In case of a review, if a group member has invested less than the average of the two other group members, his payoff is reduced.

The details of each period are described below.

(1) You receive an endowment of 20 ECU. You, as well as the two other group members, simultaneously decide how much of your endowment you will invest in the public account, by indicating a number between 0 and 20. The amount of your endowment that is not invested in the public account is assigned to your private account. To validate your choice, you must press the OK button.

After all group members have made their decision, your screen will display the total amount of ECU invested in the project by the group members (including your own investment).

Your payoff consists of two parts:

• the amount of your endowment that you have kept for yourself in your private account (i. e. 20-your investment),

• the income from the project: this income represents 50% of the total investment of all three group members in the public account.

Your payoff in ECU is computed as follows：

(20－your investment)＋50%×(total investment of the group)

The payoff of each group member is calculated in the same way， which means that each group member receives the same income from the project.

Suppose the total investment of all group members is 50 ECU. In this example each member of the group receives an income from the project of 50% of 50 ECU＝25 ECU. If the total investment is 10 ECU， then each member of the group receives an income of 50% of 10 ECU＝5 ECU from the project.

For each ECU of your endowment that you keep on your private account you earn an income of 1 ECU. Every ECU you invest in the public account instead increases the total investment by one ECU. The income from the project will increase by 0. 5 ECU per person and so， the total income of the group from the project rises by 1. 5 ECU. This means that your investment in the public account also increases the income of the other group members.

On the other hand you will earn money from each ECU invested by the other members in the project. For each ECU invested by any group member you earn 50% (1) ＝0. 5 ECU.

(2) In some periods， the investments of the group members are reviewed by the computer. **You do not know in advance which periods are reviewed and how many periods are reviewed.**

◦ If there is no review，the period ends and your payoff of the period is not modified.

◦ In case of a review，there are two possible situations.

• If you have invested in the public account less than the average investment of the two other group members，your payoff is reduced. The payoff reduction amounts to 1.25 times the difference between the mean investment of the two other group members and your investment.

• If you have invested the same amount or more than the average investment of two other group members，your payoff is not modified.

To recapitulate，in each period，your payoff in ECU is calculated as follows：

• (20－your investment)＋50%×(total investment of the group) － 1.25 × (mean investment of the two other group members-your investment) in case of a review and if your investment is lower than the average investment of the two other members • (20－your investment)＋50%×(total investment of the group)，otherwise

In periods with a review，your payoff can be negative. In case your payoff would be negative at the end of the 50 periods，this loss would be deducted from your other earnings.

(3) At the beginning of each period, before you choose your investment, we ask you to estimate the number of chances (from 0 to 100) that the investments will be reviewed at the end of this period. For example, if you believe that there are X chances out of 100 that they will be reviewed, then enter the number X.

At the end of the session, the computer program will randomly draw one of the 50 periods and it will compare your prediction to the existence or not of a review in this period. You will receive an additional payoff that will depend on the precision of your estimate. We will pay you for your prediction as follows:

Suppose you predict that there are 20 chances out of 100 that there will be a review and therefore 80 chances out of 100 that there will be no review. Suppose now that there was actually no review in this period. In that case, your payoff will be

$$\text{Prediction payoff}=\left[2\text{Euro}-\left(1-\frac{80}{100}\right)^2-\left(\frac{20}{100}\right)^2\right]$$

In other words, we will give you a fixed amount of 2 Euros from which we will subtract an amount that depends on how inaccurate your prediction was. To do this, when we find out whether a review occurred or not, we will take the number you assigned to the situation that actually occurred, in this case 80% for no review, subtract if from 100% and square it. We will then take the number you assigned to the situation that did not occur, in this case the 20% that you assigned to review, and square it

also. These two squared numbers will then be subtracted from the 2 Euros we initially gave you to determine your final prediction payoff.

Note that the worst you can do under this payoff scheme is to state that you believe that there is a 100% chance that a certain situation will occur and assign 100% to that situation when in fact the other situation actually occurs. Here your payoff from prediction will be 0. Similarly, the best you can do is to guess correctly and assign 100% to that situation which turns out to be the actual situation. Here your payoff will be 2 Euros.

However, since your prediction is made before you know whether there is a review or not in the period, the best thing you can do to maximize the expected size of your prediction payoff is to simply state your true belief about the number of chances there will be a review or not. Any other prediction will decrease the amount you can expect to earn as a prediction payoff.

We will pay your prediction in one of the 50 periods. As you do not know in advance which period will be randomly selected at the end of the session for payment of prediction payoff, please pay the same attention to each of your 50 predictions.

(4) Information. After all group members have made their prediction and their investment decision, you are informed about the total amount invested in the public account.

You also learn whether the investments were reviewed or

not, whether your payoff has been reduced and by how much, and your final payoff for the period.

You are not informed whether other group members' payoffs have been reduced and their final payoffs.

* * *

At the end of a period, the next period starts automatically. You receive a new endowment of 20 ECU, you report your prediction about the existence of a review in this period, and you decide on your investment in a public account.

After completing the 50 periods, you will be asked to answer a final brief questionnaire. Then, you will be invited to leave the room and to proceed to the payment room.

Please read these instructions again and answer the questionnaire that has been distributed; we will check your answers individually. If you have any questions about these instructions, please raise your hand. We will answer your questions in private.

附录 2.3　在两个主要实验组中的主观信念分布情况

图 A2.3－1 为 Cont-Low-Fine 和 Int-7-High-Fine 两个实验组中的主观信念分布情况。

Periods 1～22
Periods 23～50
Relative frequency
40
30
20
10
0
0
50
100
0
50
100
Beliefs in the Cont-Low-Fine treatment

（a）

Periods 1～22
Periods 23～50
Relative frequency
40
30
20
10
0
0
50
100
0
50
100
Beliefs in the Int-7-High-Fine treatment

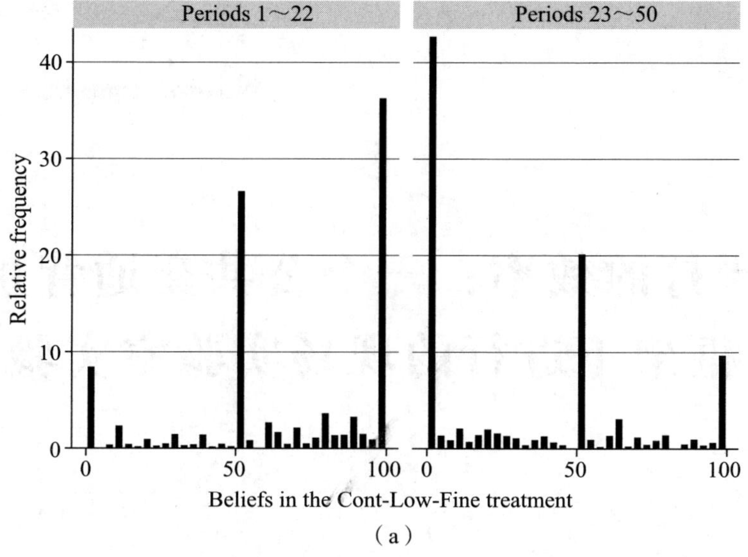

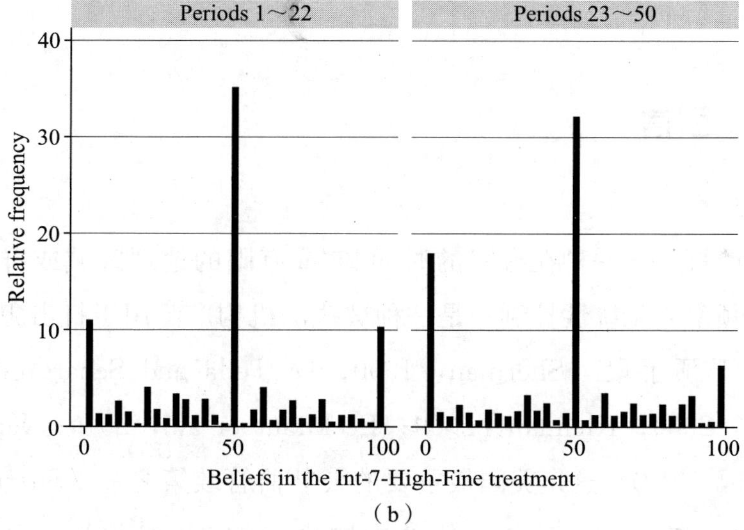

（b）

图 A2. 3－1

第 3 章

严打的效率：一个公共交通背景框架下进行的现场实验室实验

3.1 引言

严打——一种在有限的时间和/或有限的地理区域或群体中的高频率或系统性控制，是一种被执法机构广泛用于打击犯罪的政策干预手段（Sherman，1990；Di Tella and Schargrodsky，2002，2004；Kleiman，2009；Eeckhout et al.，2010；van der Weele，2012）。这是美国最重要的公共监管政策之一（Sherman，1990），在 20 世纪 80 年代的中国也是如此（Schultz，1989），在世界范围内它仍然非常重要。它的应用领域包括税收稽查（Slemrod et al.，2001；Kleven et al.，2011）、交通执法（Eeckhout et al.，2010）、贪污盗窃（Di Tella and Schargrodsky，2003，

2004)、毒品市场打击（Farrell and Thorne，2005）以及城市暴力整治（Moeller，2009）。它也经常被用来打击公共交通中的逃票行为。

一些经济理论已经从理论上论证了采取严打政策的好处（Lando and Shavell，2004；Lazear，2006；Eeckhout et al.，2010）。这些研究表明，如果犯罪与预期惩罚之间的关系是凹性的，那么严打的效果将优于随机严打；如果是凸性的，情况则相反。这些模型也证明应该提前预告严打的行动以提高震慑力，尤其是改变那些学习成本最高的人的行为。从实证角度来看，用实证数据来衡量犯罪与预期惩罚之间的关系是很难的。此外，对于提前预知的严打政策作用的评估，通常是基于它们的直接影响，但是它们在长期内也有可能产生影响。如果严打政策的结束诱导了更多的犯罪，那么它的长期影响则是有害的；如果严打具有教育效应，那么它也可能是有益的。

Kastlunger 等（2009）、Di Tella 和 Schargrodsky（2003，2004)、Dai 等（2015a)、Banuri 和 Eckel（2015）的实证研究为严打的有效性和效果提供了多重证据。此外，他们并没有研究预防犯罪的其他替代性机制的相对效率和有效性，如在控制其他条件不变的时候使用非集中的随机严打。① 如果没有适当的对照试验，从这些研究中很难看出严打政策的真正效果。

---

① 这些研究没有明确比较预防犯罪的强制管制政策与诸如随机管制等替代性机制的有效性和效率（Di Tella and Schargrodsky，2003，2004；Banuri and Eckel，2015）或者除了管制的集中程度以外的条件发生了变化（Dai et al.，2015a；Kastlunger et al.，2009）。例如，Dai 等（2015a）改变了审计的总数，而 Kastlunger 等（2009）通过提前告知被试审计的总体概率，间接改变了被试对审计的期望。

为了填补这一空白，我们利用使用公共交通服务的乘客，在法国第三大城市里昂进行了一项人工现场实验①。我们观察普通民众的日常欺骗行为。与人们预期的完全相反，这种行为对社会和经济产生了很大的影响（Bucciol et al.，2013；Mazar and Ariely，2006）。更准确地说，我们研究的是逃票行为。② 根据最近的一些数据，2013 年，逃票行为给法国国家铁路公司造成了高达 3 亿欧元的损失，给巴黎的公共交通运营商造成了高达 1 亿欧元的损失（Le Figaro，2013）。这个问题不仅在法国，而且在所有国家都普遍存在（Bonfanti and Wagenknecht，2010）。因此，确定严打政策在何种程度上有效打击了逃票行为是很重要的，这不仅是一个执法问题，更是一个经济学问题。

为了研究各种严打政策的相对效率和有效性，我们提出了一种新的实验设计，叫作每日公共交通博弈。在这个实验博弈中，参与者在了解到有查票风险的前提下，必须反复（即在多段时间内）决定是否买（实验的）车票。我们研究了在一段时间内集中重复的严打政策或者是在实验时间内无规律的分散严打下，人们的遵从性行为是如何随着时间的推移而演变的。我们分析了参与者在严打期间和之后的行为，以调查这些政策的直接/短期和长期的影响。我们还测试了在博弈的早期或晚期阶段引入严打是否更加有效，以及是否应该事先宣布要进行严打（即是否应该在严打之前通知参与者）。

---

① 该定义来源于 Harrison 和 List（2004）。

② 使用公共交通工具的成本一般来说是很小的（在进行这项研究的城市里，一张票的票价为 1.70 欧元）。因此将逃票视作小规模的欺骗案例似乎是恰当的。

关于后一种比较，我们的实验也对研究不确定性的严打机制有效性的文献做出了贡献。[①] 事实上，当严打政策没有被预告时，参与者既不知道是否会有严打也不知道严打发生的可能性（即情况是不确定的）。鉴于不确定性的影响在增益情境中对人们行为的影响研究得更多，因此我们研究了在损失情境中不确定性对于人们行为的影响。相反，当严打被提前预告时，参与者完全了解严打是否会发生（即情况是确定的）。通过比较这些不同的情景，我们可以研究不确定性是否有利于人们行为的遵从性。

本研究的另一个创新点是，我们在一个包含了公共交通乘客的非标准的被试群体中进行了实验。这使得我们可以通过与这些严打政策直接相关的样本来测试不同的严打政策。[②] 此外，我们还可以通过验证被试是否可以在实验结束时出示验证过的票，并要求他们自我报告在真实生活中逃票的频率来识别出现实中的逃票者。这使得我们可以比较真实的逃票者和不逃票者在该实验中的行为，并且可以检测出我们的“博弈”是否捕捉到了这种行为决策的重要维度。因此，我们的研究对于实验结果是否可以推广到现实世界的一般性讨论也有一定意义［关于这个话题的最新综述，参见 Fréchette 和 Schotter（2015）］。

我们对研究结果做一个简短的小结，在稽查（及惩罚）不确定的情况下，随时间推移的无规律的分散严打在减少实验室的逃票行为上比严打更加有效，而这种效果对于现实中的逃票者更加

① 例如，可参见 Dai 等（2015a）对于相关研究的讨论。

② 为了增强我们的实验与现实世界的联系，我们在自然环境的基础上构建了实验环境，参与者在这些环境中对公共交通做出决策。这也促进了对具有特殊社会经济与教育背景的参与者决策的理解。

明显。我们还发现，被试会在延长的严打和严格监管的时间段内减少逃票，但是一旦严打结束，逃票行为就会剧增。此外，预先告知的严打也会引起更多的逃票行为。相比于非集中的随机严打，严打仅仅在短期内对人们的顺从性有积极影响。然而，从长远来看，它们可能会带来潜在的有害影响，因为在严打结束后，即使在严打政策没有提前公布、被试也不知道稽查总数的情况下，欺诈率也会上升到严打之前的水平甚至更高。最后，我们发现，相比于不逃票者，现实中的逃票者在所有实验中的逃票率都更高。

在本案例的剩余部分中，第 3.2 节进行了相关研究的文献综述，第 3.3 节描述了实验设计和实验程序，第 3.4 节报告了实验结果，第 3.5 节对结果进行了总结并对未来研究方向进行了展望。

3.2 相关文献研究综述

严打的优点已经在一些理论文献中被证实（Lando and Shavell，2004；Lazear，2006；Kleiman and Kilmer，2009；Eeckout et al.，2010）。这些论文主要集中于讨论严打政策何时最优。Lazear（2006）和 Eeckhout 等（2010）的模型与我们的实验环境关系更为密切，因为他们专注于在有限时间或有限地理区域中的系统性控制。① 他们的结果取决于犯罪与预期惩罚的关系

① Lando 和 Shavell（2004）以及 Kleiman 和 Kilmer（2009）更感兴趣的是将管制集中在一部分违规者身上，而不是集中在一定的地理区域或一段时间中。

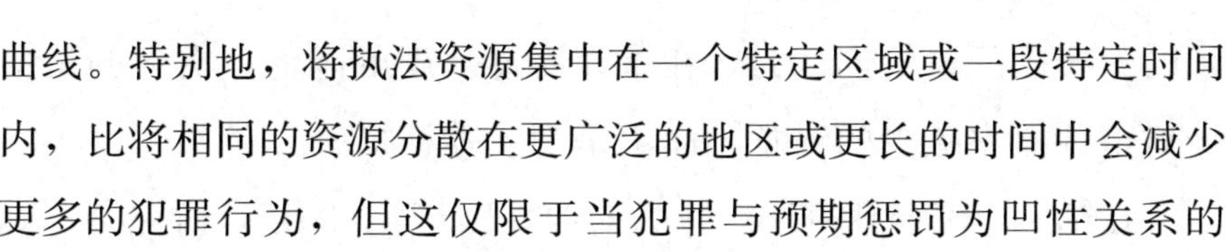

曲线。特别地，将执法资源集中在一个特定区域或一段特定时间内，比将相同的资源分散在更广泛的地区或更长的时间中会减少更多的犯罪行为，但这仅限于当犯罪与预期惩罚为凹性关系的时候。

当情况相反（即关系不是凹性）时，不那么集中的严打政策会更加有效。然而，由于犯罪和预期惩罚之间的关系在现实中很难被确定，因此很难对这些模型进行实证检验。我们的记录可以间接地为这种关系提供线索：如果严打比非严打更有效率，我们就可以推测犯罪与预期惩罚之间的关系是凹性的。

一些实证研究已经考察了严打政策的效率。Di Tella 和 Schargrodsky（2003）证实，在严打的前 9 个月里，医院的基本投入和同质性投入下降了 15%。在一项自然实验中，Di Tella 和 Schargrodsky（2004）发现，在恐怖袭击后，随着警察保护措施的加强，对汽车盗窃的震慑作用就会大大增强。然而，在这两项研究中，出于两种原因，效率的衡量是不精确的。第一，严打政策的总投入是未知的。第二，在严打期间可能会有其他影响人们行为的变化。例如，在 Di Tella 和 Schargrodsky（2003）的文章中，工资的变化也可以起到限制腐败的作用，因此，严打的纯粹效果不能完全被分离出来（Banuri and Eckel，2015）。

我们只知道有三个与严打有关的实验研究。它们表明仅在短期内严打是有效果的（如果有），而且在长期中没有影响甚至会有坏的影响。

第一个是 Kastlunger 等（2009），该文研究了不同的审计分布对税务遵从度的影响。参与者只知道审计的概率，但不知道审计的分布区间。他们认为，在审计后遵从度的降低，更多的是由于对审计概率减少的错觉，而不是为了弥补损失。

在第二个实验研究中，作为对照，Dai 等（2015）研究了不确定情况下的遵从度，参与者不仅不知道稽查的时间分布，也不知道稽查的总体概率。他们的研究框架背景是一种公共品博弈，在一个集中惩罚机制的情况下有一定概率对捐献少于群体平均捐献的参与者进行惩罚。结果表明，即使是在不确定的情况下，严打机制（在这种情况下，被惩罚的概率为 1）与随机稽查机制（在这种情况下，被惩罚的概率为 1/3，但罚金高出 3 倍）相比，捐献水平是一样的。有趣的是，该研究结果还表明，当稽查被完全取消后，前者的捐献程度明显低于后者。这表明当个人不知道被稽查的风险存在时，严打可能比随机的稽查效率更低，这是因为当稽查更加不规律时，参与者难以更新他们对稽查风险的认知。

第三个实验研究是 Banuri 和 Eckel（2015）。他们使用一个行贿实验来调查严打是否对顺从性有长期影响，在十几个时段中三分之二的时间内引入严打机制。通过比较严打前后时段的腐败程度，他们发现两者之间没有显著差异。因此他们得出结论：短期的严打对于长期的改变行为基本是无效的。

与以往的研究相比，现在我们的研究使我们不仅可以比较各种严打政策的相对效率和有效性，还可以研究重新引入严打、严打的时长和引入时间以及结合随机严打机制的影响。此外，它还使我们能够研究预先通知在严打和随机严打中的作用。在这个方面，有理论研究表明，应该预先公开严打活动以制止非法行为（Lazear，2006；Kleiman and Kilmer，2009；Eeckout et al.，

2010)。据我们所知，目前还没有系统的研究来调查是否预先宣布严打政策的短期和长期影响。① 最后，我们的研究使我们能够使用真实被试来衡量不同执法政策的影响，而这些政策可能与他们的日常生活直接相关。

3.3　实验设计及实验程序

3.3.1　实验设计

本实验分为五个不同的部分。在第一部分中，我们测试了参与者在收益情境和损失情境下对于风险和不确定性的态度。在第二部分中，我们测试了参与者不诚实行为的倾向，要求他们私下掷骰子并报告结果 [类似于 Fischbacher 和 Follmi-Heusi (2013) 用过的一项任务]。在第三部分中，我们测试了在一个情境化的实验任务中参与者不诚实行为的倾向，这项任务是决定在乘坐公共交通工具开始不同长度的行程的时候是否购买车票。② 第四部分是我们所称的日常公共交通博弈，这是本实验的重点，将在下文详细阐述。第五部分是一份社会人口调查问卷，在实验结束时

① 我们承认，在有关逃税的文献中，一些研究调查了发送威胁信的影响（Slemrod et al., 2001; Kleven et al., 2011; Fiorio and Santoro, 2013)。通常的发现是，告知人们审计活动对于税务合规有统计上显著的积极影响。与我们更相关的是 Alm 等（2009）的研究，他们通过实验室实验，用不同的方式在事前或事后将审计活动的信息传递给纳税人。他们在部分时间中提前告知审计的概率而部分时间中不提前告知，并且发现前者的顺从性较低。然而，与本实验不同的是，他们没有考虑严格控制（即严打）的时期。

② 我们要求参与者在不同的监察概率和罚款数额下做出相应的决定。

让参与者填写。第二部分和第三部分的详细阐述及主要结果可以参见相关论文（Dai et al.，2018）。参与者在前三部分不会得到任何反馈或关于未来任务的信息。此外，所有的参与者都按照相同的顺序参加同样的实验任务，因此前面的实验任务如果有影响的话，那么对于所有的被试的影响都应该是相同的，这不能够解释日常公共交通博弈中的不同处理导致的差异。换句话说，前面的任务不会对主要结果的解释造成影响。

对于风险和不确定性态度的诱导实验

我们利用 Eckel 和 Grossman（2008）开发的一项任务来诱导参与者对风险的态度的变化，并采用了类似 Eckel 等（2012）以及 Cardenas 和 Carpenter（2013）采用的视觉展示形式。参与者连续选择四次彩票，先是在收益情境下，然后是在损失情境下，接着是在不确定的收益情境下，最后是在不确定的损失情境下。参与者的每次选择都会显示在新屏幕上。[①] 表 3-1 展示了在收益和损失情境下的两个选项的 6 种彩票。当参与者知道风险时，每种彩票都有 50%的可能性获得低的收益及 50%的可能性获得高的收益。从彩票 1 到彩票 6，期望收益与风险（标准差）都在增加。因此，极度风险厌恶的参与者当然会选择彩票 1。偏好中等风险的参与者会选择中等彩票（彩票 2～4）。风险中性的参与者会选择彩票 5 或彩票 6。风险偏好者会选择彩票 6。在损失情境下，彩票可能会带来负的收益。为了防止参与者受到真正的损失，我们指定初始资金为 40 欧元。这使得期望收益在收益

① 参与者做出选择的顺序是固定的，以方便决策和避免混淆。

情境下和损失情境下相等。因此，损失仅为一种伪造的假象。在不确定的情况下，彩票收益与在确定情况下的选择相同，但每个结果的概率是不确定的（介于 3/10 和 7/10 之间）。

表 3-1　　彩票的收益情况

		Probability (%)		Payoff		Expected Payoff		
	Event	Certain	Uncertain	Gain domain	Loss domain	Gain domain	Loss domain	Risk
Lottery1	A	50	30～70	28	−12	28	−12	0
	B	50	30～70	28	−12			
Lottery 2	A	50	30～70	24	−16	30	−10	6
	B	50	30～70	36	−4			
Lottery 3	A	50	30～70	20	−20	32	−8	12
	B	50	30～70	44	4			
Lottery 4	A	50	30～70	16	−24	34	−6	18
	B	50	30～70	52	12			
Lottery 5	A	50	30～70	12	−28	36	−4	24
	B	50	30～70	60	20			
Lottery 6	A	50	30～70	2	−38	36	−4	34
	B	50	30～70	70	30			

注：每个期望收益的标准差代表风险水平，标准差越大，风险越高。

日常公共交通博弈

每个参与者在最初都被给予 35 欧元以避免博弈中出现真正的损失。[①] 为了便于参与者对实验环境的理解，并提高实验的外部有效性及考虑到参与者通常的实际操作环境，我们将实验博弈设计为乘坐公共汽车时选择是否付费。[②] 博弈一共包含 60 天，并

① 一般在实验中，不能给被试造成损失。也就是说，在一般情况下最坏的结果就是他们只能拿到参与费用（showup fee）。

② 然而，我们不应使用可能影响参与者需求的强有力的术语。

被划分成两个时间段，每个时间段包含 30 天。每一天参与者都要决定乘坐公共汽车时是否要买票。一张票需要花费 1.70 欧元。[①] 参与者被告知在某些天会出现对车票的稽查。参与者不会获得稽查总数及稽查随时间的分布的信息。如果一个参与者被发现乘车时没有买车票，他/她必须支付未支付的票价以及 10 欧元的罚金（共计 11.70 欧元）；这被作为常识告知参与者。当每个实验日结束时，参与者会马上收到他们被稽查（或没有被稽查）以及被罚款的反馈。然而，一旦参与者进入下一个实验日，这些信息就不会再显示在电脑屏幕上。这就意味着参与者需要记住之前稽查的情况。在任务结束时，随机抽取 3 天进行实际的支付。

本实验包含 8 组实验组，总结在表 3－2 中。在所有的实验组中，我们都施加了相同的稽查次数（共 12 次）。在 Random-Random（RR）实验组中，6 次稽查随机分布在第一个时间段（1～30 天）中，其余 6 次随机分布在第二个时间段（31～60 天）中。在 Crackdown-Crackdown（CC）实验组中，我们在每个时间段中集中进行连续 6 次稽查；特别地，在第 3～8 天和第 33～38 天进行了稽查。[②] 为了打破严打发生的规律，我们引入了 Crackdown-Random（CR）实验组，除了在第二个时间段的稽查是像 RR 那样随机分布的，其他条件与 CC 实验组相同。在 Random-Crackdown（RC）实验组中，我们交换了顺序[③]，将随机分布的稽查置于第一段时间中而严打置于第二段时间中。

① 这也相当于在进行实验的这个法国城市里使用交通工具的实际成本。

② 我们在第 3 天和第 33 天开始严打的原因是我们不想让参与者轻易地了解检查发生的情况。

③ 为了避免实验经济学中的顺序效应（order effect）。

表 3 - 2　　　　不同实验组的统计信息

Treatment	Days 1～30	Days 31～60
Random-Random（RR）	Random audits	Random audits
Crackdown-Crackdown（CC）	Crackdown（days 3～8）	Crackdown（days 33～38）
Crackdown-Random（CR）	Crackdown（days 3～8）	6 Random audits
Random-Crackdown（RC）	Random audits	Crackdown（days 33～38）
Early-Long-Crackdown（C_long1）	Crackdown（days 3～14）	No audit
Late-Long-Crackdown（C_long2）	No audit	Crackdown（days 33～44）
Crackdown-Crackdown with Pre-announcement（CC_A）	Crackdown（days 3～8）	Crackdown（days 33～38）
Random-Random with Pre-announcement（RR_A）	Random audits	Random audits

注：稽查次数在所有实验组都是相同的。

为了衡量严打政策的长时间的影响，在 Early-Long-Crackdown（C_Long1）实验组中，我们在第一个时间段中的第 3～14 天集中进行了连续 12 次稽查，在第二个时间段中我们没有进行稽查。为了检验实行严打政策时机的重要性，在 Late-Long-Crackdown（C_Long2）实验组中，我们把 12 天的连续严打安排在了第二个时间段中的第 33～45 天。

如前所述，之前的研究表明，严打应该提前被公开（Eeckhout et al.，2010）。这促成了我们设计最后两个实验组：Random-Random with Pre-announcement（RR_A）以及 Crackdown-Crackdown with Pre-announcement（CC_A）。实验组 RR_A 和 CC_A 与 RR 和 CC 实验组相似，唯一的区别就是每天（在参与者做决策之前）会提前告知参与者当天是否会查票。

在我们的设定中，如果参与者知道确切的查票概率——在 60

天中有 12 天查票，即 20%的概率——那么买票将成为主要策略。①然而，稽查的概率是未知的，如果理性和风险中性的参与者感知到的稽查概率低于 14.53%时，他们就会选择逃票。

3.3.2 实验程序

在上午 11 点至下午 6 点 30 分之间，在法国第三大城市里昂的主要火车站前的巴士和电车出口处，我们共招募了 279 个参与者进行了 45 分钟的实验。招聘人员没有穿制服（表示他们不是检票员）。招聘人员邀请乘客参加大学研究人员进行的一项研究。持有月票的人被排除在外（根据定义，这些人不是逃票者）。招聘人员单独通知乘客，该项研究持续时间在 45～60 分钟，平均报酬为 25～75 欧元，平均为 50 欧元，当实验结束时会立即支付其能在包括附近的购物中心等几个地点有效兑换货物的代金券。他们还表示，所有的决策都是严格匿名的，不需要特殊的知识。一旦乘客同意参与，招聘人员通知他们保留他们的票（如果他们有），因为它将在实验结束时被换成新的免费票，以补偿他们在实验室中花费的时间。②

我们还从罚款缴纳处（Fine Collection Office，FCO）招募了 35 个参与者。这些人在被发现逃票后没有立即支付罚款，而是稍后在 FCO 支付。他们缴纳罚款后，招聘人员使用类似的程

① 如果检查的概率已知，理性的和风险中性的人应该总是选择买票，因为收益高于不买票。

② 被打孔后，一张票有效期为一个小时。因此，因持票者在实验室中花费了时间而补偿其新的车票是完全合法和合理的。

序邀请他们参与我们的实验。

我们在招聘点附近的一座建筑物中搭建了移动实验室来进行实验。其中的每个座位都用挡板隔离开，因此被试互相之间看不到对方。参与者通过触摸板做出决定。在实验室中，最多 9 个人同时参与实验。由于实验过程中不需要参与者之间的互动，参与者一进入房间就可以开始实验。

在参与者抵达并签署同意书后，实验者随机引导每个参与者到一个工作站。参与者会被告知决策都是匿名的，所有指令都会显示在平板电脑上。他们被告知可以随时举手，实验者会来找他们并私下回答他们的问题。

一旦一个参与者完成了所有任务，他/她就会被送到一个单独的付款处，在那里我们用代金券支付酬劳。如果他/她有验证票，我们用一张自由通行证和他/她交换（这为参与者交换验证票提供了动力）。

除支付报酬程序外，参与者平均在 37 分钟内完成了实验（标准差为 12.81）。平均而言，参与者赚取约 60 欧元（标准差为 20.59）。报酬是根据参与者在第一部分、第二部分、第三部分或第四部分的决策计算的。

3.3.3　逃票者的确定

我们的研究的一个主要创新之处在于，我们能够衡量不同的执法政策对实际逃票者和非逃票者的影响。因此，如何识别逃票者和非逃票者是非常重要的。

我们搜集了三种逃票者的判断标准。第一种是我们在 FCO 招募的参与者。第二种是在实验结束时无法提供验证票的参与者。第三种是在最终调查问卷中自行报告每 10 次出行至少有一次逃票经历的参与者。[①] 请注意，如果他/她符合上述三个条件中的一个或多个，我们将该参与者定义为逃票者。我们认为，鉴于以下原因，这是一种相对可靠和全面的识别逃票者的方法。[②] 第一，我们确定在 FCO 招募来的参与者是逃票者。第二，我们认为结束时不能出示有效票的人是逃票者，因为我们在下车时就招募了他们并且明确告诉他们要保留车票。[③] 因此，除非他们是逃票者，否则他们应该持有一张有效票。第三，自行报告是逃票者的参与者没有必要对此说谎。[④] 当然，我们也意识到我们的分类有一定的局限性，不能识别出参与实验的全部逃票者。一些人也可能实际上当天买了车票并且谎报了他们之前的非法行为。[⑤] 然而，应该指出，如果我们意外地将一些参与者归类为非逃票者，那么如果我们发现两组（逃票者和非逃票者）之间的行为差异，这只会使我们的结果更稳健。换句话说，一些误差只会让我们更难以发现实验组之间的显著区别。

下面我们提供一些关于逃票者的汇总数据。排除从 FCO 招募的参与者后，在剩余的参与者中，41.80％的参与者无法出示有效车票，54.92％自我报告为逃票者，68.44％自我报告为逃票

① 在问卷中，参与者被要求报告他们每 10 次出行中逃票的次数（从 0 到 10 次）。

② 另一种替代措施是仅仅依靠三个条件之一。这种措施的风险是会低估逃票者的数量。

③ 实验室距离公交站也很近（距站点大概 100 米）。

④ 相反的情况才有可能是真的，即自我报告为非逃票者的参与者可能是逃票者。

⑤ 我们相信这些人更可能是偶尔的逃票者。

者且/或无法出示有效车票，并且有 28.28％自我报告为逃票者且无法出示有效车票。[①]

3.4　实验结果分析

在本节中，我们首先从总体和个体层面考察我们在诱导行为方面不同处理方式的相对效率和有效性，以及逃票者的行为与非逃票者的行为是否有所不同。其次，我们根据收入比较了各种严打政策的相对效率。

3.4.1　不同实验组的相对效率和有效性

表 3－3 显示了一些关于实际逃票者和非逃票者的平均逃票率统计。

表 3－3　　逃票率的统计信息汇总

	All	Fare-dodgers	Non-fare-dodgers	Test
RR（$n=38$）	0.28 (0.45)	0.29 (0.45)	0.24 (0.43)	NS
CC（$n=38$）	0.36 (0.48)	0.44 (0.50)	0.14 (0.55)	***
CR（$n=36$）	0.25 (0.43)	0.34 (0.47)	0.11 (0.31)	**

① 这些数据与当地公共交通公司的数据［例如，参见 Keolis（2014）］以及在可比较国家进行的其他研究（Bucciol et al.，2013）相一致，这也是由于我们排除了使用月票的人。

续前表

	All	Fare-dodgers	Non-fare-dodgers	Test
RC（n=38）	0.29 (0.45)	0.35 (0.48)	0.06 (0.23)	***
C_Long1（n=31）	0.38 (0.49)	0.44 (0.50)	0.30 (0.46)	NS
C_Long2（n=36）	0.32 (0.47)	0.41 (0.49)	0.08 (0.26)	***
CC_A（n=31）	0.49 (0.50)	0.54 (0.50)	0.23 (0.42)	**
RR_A（n=31）	0.39 (0.49)	0.48 (0.50)	0.20 (0.40)	**
Tot.（n=279）	0.34 (0.47)	0.34 (0.47)	0.41 (0.49)	***

注：Test 列表示逃票者和非逃票者在统计上是否显著，括号内表示标准差。*** 为 $p<0.01$，** 为 $p<0.05$，* 为 $p<0.1$，NS 为 $p>0.1$。

第一个重要的观察结果是：在所有的实验组中，实际逃票者比非逃票者的逃票行为多，这种差异除 RR 和 C_Long1 实验组外（见表 3－3 中的测试列）是显著的。这一发现很重要，因为它表明我们的实验具有一定的外部有效性。

表 3－3 也显示了不同实验组之间的逃票率不同。然而，直接使用非参数检验来比较不同实验组之间的逃票率可能是不正确的。由于逃票者与非逃票者的行为存在差异，不同实验组之间的差异可能是由于逃票者所占比例不同引起的，而不是由于处理方式不同引起的。

虽然招募过程是随机的，但我们确实发现了实际逃票者在每个实验组中的一些变化，这可能会使我们对于严打的相对有效性

的衡量出现偏误。[①] 为了控制这种潜在的偏差，我们估计了一个随机效应概率模型，该模型在个人层面上具有稳健的标准误差，以解释这 279 个被试做出了 60 个连续的决定。因变量是一个虚拟变量，如果某个参与者在给定的实验日选择逃票，则该变量值取 1。自变量包括一个以 RR 为基准的每个实验组的虚拟变量。"Intensity crackdown" 变量表示在当天之前发生的连续稽查的次数并记录严打的影响。我们还控制了参与者在之前的实验日是否被处罚过。另外，我们还包括了在收益情境和损失情境中的风险规避措施以及是否有不确定性。[②] 最后，我们以两种互补的方式来控制逃票者的行为。第一，我们引入了一个虚拟变量来反映无法出示有效票及自我报告有逃票行为的逃票者。第二，我们引入另外一个虚拟变量来表示在 FCO 招募的逃票者的行为。我们将第二种逃票者做另外的处理，因为他们刚交了罚款，因此他们的行为容易与其他逃票者不同。

在表 3-4 中，列（1）和列（2）分别报告了对第一段时间（第 1～30 天）和第二段时间（第 31～60 天）数据进行回归的结果，而列（3）来自两个时间段的数据的共同回归。除了我们仅使用实际逃票者的数据外，列（4）～列（6）与列（1）～列（3）相同。在列（7）～列（9）中，我们仅使用非逃票者的数据。

为了有助于表 3-4 主要结果的讨论，我们还绘制了每种不同实验组随时间推移的逃票率（见图 3-1）。为了便于阅读，我们将一些天数归到了一起。精确地说，我们将每个时间段分成了 4 部分：

---

① 实际逃票者的真实比例为 61%（C_Long1）到 79%（RR）。

② 这一变量的值越高，对应参与者的风险厌恶程度越低。

表 3-4　　随机效应 probit 模型

	All Observations			Fare-dodgers only			Non-Fare-dodgers only		
Dependent variable: Fraud (1 if Fraud, 0 if not)	(1) 1st Month	(2) 2nd Month	(3) All	(4) 1st Month	(5) 2nd Month	(6) All	(7) 1st Month	(8) 2nd Month	(9) All
RR	*Ref.*	*Ref.*	*Ref.*	*Ref.*	*Ref.*	*Ref.*	*Ref.*	*Ref.*	*Ref.*
CC	0.113	0.175**	0.142*	0.183*	0.282***	0.225**	0.006	0.007	0.014
	(0.080)	(0.080)	(0.079)	(0.103)	(0.103)	(0.103)	(0.046)	(0.052)	(0.038)
CR	−0.025	0.022	−0.013	−0.005	0.078	0.021	−0.016	−0.020	−0.015
	(0.083)	(0.084)	(0.082)	(0.112)	(0.115)	(0.113)	(0.044)	(0.049)	(0.034)
RC	0.034	0.042	0.040	0.096	0.123	0.110	−0.026	−0.028	−0.018
	(0.081)	(0.082)	(0.080)	(0.102)	(0.104)	(0.102)	(0.054)	(0.060)	(0.041)
C_Long1	0.118	0.218**	0.171**	0.117	0.283**	0.204*	0.042	0.048	0.040
	(0.086)	(0.085)	(0.084)	(0.117)	(0.115)	(0.115)	(0.051)	(0.062)	(0.047)
C_Long2	0.050	0.131	0.071	0.184*	0.261**	0.193*	−0.053	−0.022	−0.026
	(0.084)	(0.084)	(0.082)	(0.106)	(0.106)	(0.106)	(0.056)	(0.054)	(0.040)
CC_A	0.186**	0.283***	0.228***	0.270***	0.410***	0.333***	0.046	0.050	0.039
	(0.083)	(0.082)	(0.082)	(0.104)	(0.101)	(0.102)	(0.065)	(0.073)	(0.054)
RR_A	0.103	0.182**	0.146*	0.178	0.303***	0.239**	0.013	0.019	0.022
	(0.085)	(0.086)	(0.084)	(0.112)	(0.111)	(0.111)	(0.046)	(0.052)	(0.040)
Intensity crackdown	−0.039***	−0.076***	−0.058***	−0.049***	−0.095***	−0.077***	−0.007**	−0.025*	−0.009*
	(0.004)	(0.005)	(0.004)	(0.005)	(0.006)	(0.004)	(0.004)	(0.013)	(0.005)
Fined in the previous period	0.025	0.009	0.023	0.044	0.008	0.037*	−0.008	0.011	−0.003
	(0.021)	(0.023)	(0.015)	(0.029)	(0.032)	(0.021)	(0.012)	(0.016)	(0.007)

续前表

	All Observations			Fare-dodgers only			Non-Fare-dodgers only		
Dependent variable: Fraud (1 if Fraud, 0 if not)	(1) 1st Month	(2) 2nd Month	(3) All	(4) 1st Month	(5) 2nd Month	(6) All	(7) 1st Month	(8) 2nd Month	(9) All
Risk index in the gain domain	−0.012 (0.013)	−0.014 (0.013)	−0.013 (0.013)	−0.014 (0.017)	−0.015 (0.017)	−0.017 (0.017)	−0.001 (0.007)	−0.001 (0.008)	0.001 (0.006)
Risk index in the loss domain	0.019 (0.015)	0.018 (0.015)	0.019 (0.015)	0.024 (0.020)	0.016 (0.021)	0.021 (0.020)	−0.000 (0.009)	0.005 (0.010)	0.002 (0.007)
Risk index in the gain domain under uncertainty	−0.014 (0.013)	−0.011 (0.013)	−0.013 (0.013)	−0.009 (0.017)	−0.009 (0.018)	−0.008 (0.017)	−0.007 (0.008)	−0.006 (0.009)	−0.007 (0.007)
Risk index in the loss domain under uncertainty	−0.007 (0.015)	−0.009 (0.015)	−0.008 (0.015)	−0.018 (0.019)	−0.017 (0.020)	−0.018 (0.019)	0.003 (0.008)	−0.000 (0.009)	0.002 (0.006)
Fare-dodgers (Self-report or no ticket)	0.388 *** (0.052)	0.383 *** (0.051)	0.397 *** (0.051)	—	—	—	—	—	—
Fare-dodgers (fine recovery office)	0.298 *** (0.076)	0.282 *** (0.076)	0.299 *** (0.075)	—	—	—	—	—	—
Day	0.003 *** (0.001)	0.001 (0.001)	0.001 *** (0.000)	0.004 *** (0.001)	0.001 (0.001)	0.001 *** (0.000)	0.001 * (0.001)	−0.000 (0.000)	0.000 (0.000)
Observations	8 091	8 370	16 461	5 858	6 060	11 918	2 233	2 310	4 543
Wald-chi2	260.25	461.18	718.94	153.74	379.16	570.63	65.44	37.17	99.19
Prob>chi2	0.000	0.000	0.000	0.000	0.000	0.000	0.000	0.001	0.000
Log likelihood	−3 579.906	−3 396.357	−6 825.861	−3 000.962	−2 818.507	−5 707.403	−586.390	−570.410	−1 109.633

注：该表汇报了边际效应。标注误差集中在个体层面。* 为 $p<0.10$，** 为 $p<0.05$，*** 为 $p<0.01$。

Pre-Crackdown days（第 1～3 天、第 31～33 天），Crackdown days（第 4～9 天、第 34～39 天），Post-Crackdown days（第 10～12 天、第 40～42 天），以及剩余天数（第 13～30 天、第 43～60 天）。① 严打日用垂直竖线标出。在图 3－1 的每个图中，我们总是显示对照组情况（即 RR 实验组）。

表 3－4 显示，相比于 RR 实验组，CC 实验组的逃票可能性高出 14.2%。这也表现在图 3－1 中，除了第二次之外，CC 实验组的平均逃票率总是大于或近似于 RR 实验组的平均逃票率。图 3－1（a）还显示，在 CC 实验组中，参与者几乎没有对第一次严打做出反应，而只是对第二次严打做出了反应，就好像工作中的学习效果一样。与只有随机控制相比，随机控制与严打的交替没有任何区别。如表 3－4（以及图 3－1）所示，与 RR 相比，CR 和 RC 对逃票率没有影响。这引出了我们的第一个结论。

结论 1： 严打未能减少整体逃票。

接下来我们讨论提前预知稽查的影响。表 3－4 的模型（3）表明，与基线（RR）相比，参与者更有可能在实验组 CC_A 和 RR_A 中发生逃票行为，概率分别高出 22.8% 和 14.6%。图 3－1（b）也证实了这一点，RR_A 的平均逃票率通常高于 RR，CC_A 的平均逃票率高于 CC。图 3－1 很好地说明了这其中的原因，即在没有稽查的情况下，预先宣布会让人们逃更多票。这引出了我们的第二个结论。

---

① 严打政策在第 3（33）到 8（38）天实施但是它的效果体现在第 4（34）到第 9（39）天。换句话说，严打政策的效果延迟一天。这是因为参与者在管制前不会被提前告知。然而，有一个例外：在 CC_A 处理组中，管制是预先公布的，因此，管制的效果和执行是一致的。对于该处理组，管制日是第 3～8 天和第 33～38 天，这在图 3－1 中有所体现。

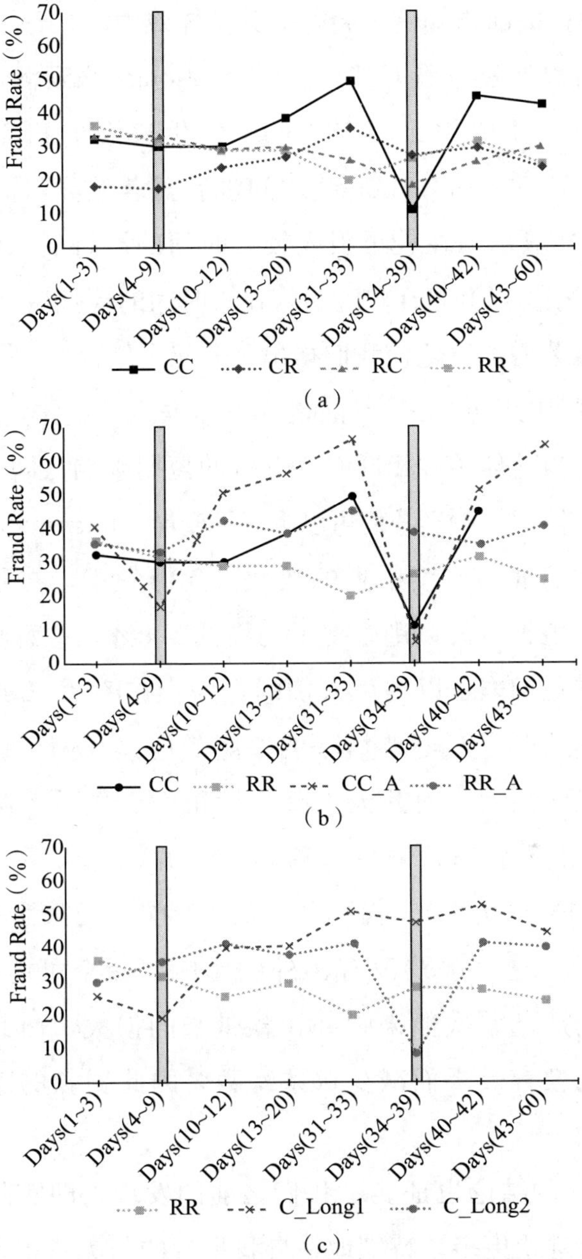

（a）

（b）

（c）

图 3－1　逃票率在 60 天中的变化情况

注：竖线表示严打期。

结论 2：提前告知稽查会降低其整体效力。

我们可以通过查看 C_Long1 和 C_Long2 来观测严打时间较长的效果。与 RR 相比，C_Long1 发生逃票的概率明显较高（17.1%），而 RR 和 C_Long2 之间没有显著差异（见表 3－4）。图 3－1（c）显示，在较早引入较长时间的严打后（C_Long1），逃票增加了很多，并且在较晚引入较长时间的严打后（C_Long2），逃票行为显著增加。这使我们得出了第三个结论。

结论 3：更长时间的严打如果发生在早期，整体效果会较差。

要衡量当其他条件相同时，严打的短期影响（即一旦引入严打后立即产生的影响），我们可以看一下变量“Intensity crackdown”，即随着时间的推移连续稽查的次数。我们发现，在稽查的过程中，每连续稽查一天，逃票率平均降低 5.8%，这意味着高频的连续稽查在短期内可以约束人们的行为。在图 3－2 中，我们绘制了每个连续严打对逃票概率的边际效应。我们可以看到，这个影响不是线性的。前几天下降幅度很大，之后下降趋势变得平缓。3 或 4 天后逃票减少了约 50%，并在 9 天后几乎被根除（逃票只有 1%或更少）。我们也可以看看前一天罚款的效果。令人惊讶的是，它对逃票没有额外的影响。一个可能的解释是，有些人会增加逃票次数来弥补罚款带来的损失，而其他人则会由于罚款的教育效果而减少逃票次数，因此罚款的净效应是中性的。

表 3－4 的结论也证实了我们之前的发现，即实际的逃票者比非逃票者逃票更多。特别地，自我报告的与无法提供有效票的逃票者比起非逃票者更容易逃票（＋39.7%）。这一结论也适用

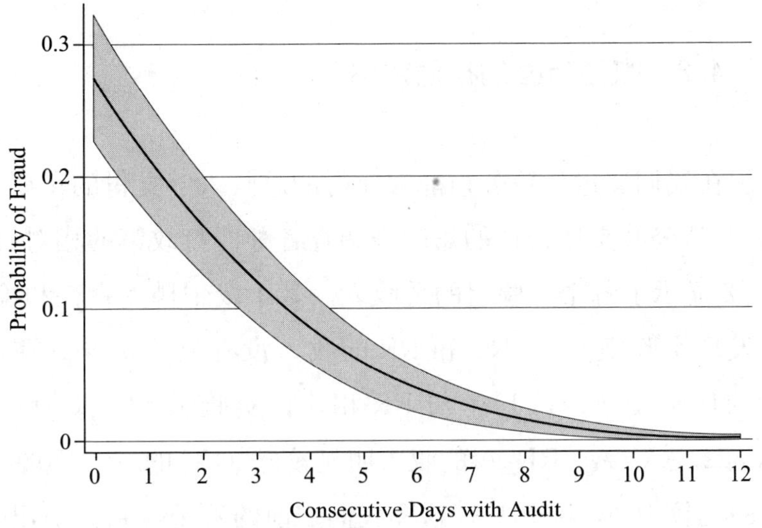

图 3-2　连续严打对逃票概率的边际效应

注：阴影部分表示 95%的置信区间。

于在 FCO 招募的逃票者（+29.9%）。我们还发现，所有之前的结论（即实验组效果和严打的短期影响）在实际的逃票者之中效果更明显［列（4）～列（6）］。相反，在非逃票者之中没有此类效果。这为我们的实验的外部有效性提供了重要支持，并引出了我们的第四个结论。

结论 4： 实际逃票者比非逃票者逃票更多，并且对于我们的稽查机制设计更为敏感。

最后，表 3-4 显示了在不同情境中（收益或损失）和信息下（不确定或某些概率），参与者对风险的态度并不能解释我们日常公共交通博弈中的行为。这表明，在我们设置的情况下，不诚实行为的出现可以被其他因素（如情感、道德或社会关注）更好地结束，而不是出于简单的成本收益考量而结束。

3.4.2 收益方面的相对效率

现在我们通过计算公司能够获得的总收入（支付的车票和罚款），并从公共交通公司的角度来调查各种严打政策的相对效率。图 3-3 显示了各个实验组的总收入。基于威尔科克森秩和检验，我们发现实验组 CR、RC 和 RR 的收入没有显著差异（在所有可能的比较中 $p>0.1$）。与 RR 相比，实验组 CC、C_Long1、C_Long2、CC_A、RR_A 的收入明显较低（CC 的 $p=0.020$，在其他的比较中 $p>0.001$）。这和我们之前的发现一致并引出了最后一个结论。

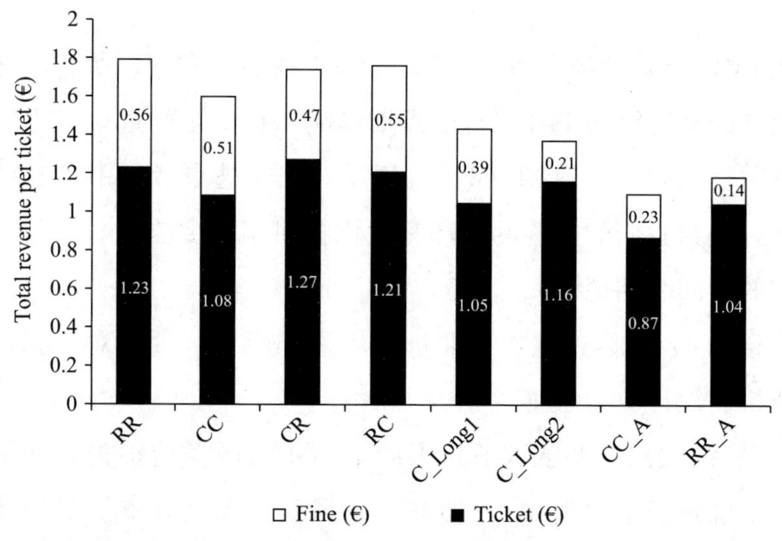

图 3-3 各个实验组每张票的总收入

结论 5： 严打不会增加执法机构的收入。

3.5　结论和未来研究方向展望

我们的人工现场实验提供了对各种严打政策的相对效率和有效性的综合分析。主要调查结果显示，与随机严打相比，单靠严打的总体效果下降的主要原因是在随后没有严打的时间内不可控地诱发了大量违规行为。只有当与随机控制交替实行或在实验后期延长严打时间时①，才能达到类似于随机分布控制策略的整体合规性水平。我们还发现，虽然预先宣布严打会在严打过程中提高控制的有效性，但是它会降低整体的合规性。

我们相信，所有这些结果对于正在考虑采取哪些政策干预措施来打击违法行为的政策制定者非常有价值。特别地，我们的研究结果表明，在不确定的损失情境下，在有限时间内的系统性控制最多和随机控制一样有效，并且从长期来看，在达到合规性以及为执法机构带来收入方面可能非常低效。

然而，我们应该谨慎地将我们的结果推广到可能与严打政策相关的环境中。我们的研究侧重于特定的应用领域（即公共交通），并研究特定类型的违法行为（例如逃票）。而严打政策可能在其他应用领域非常有效，这应该在未来的研究中被实证调查。

① 当严打发生于实验快结束且持续时间更长时，参与者在无管制期间才会更服从政策，因为他们会预计随时都可能出现管制。

最后，尽管我们试图通过考虑各种不同的替代政策来制定尽可能全面的严打政策，但仍有许多值得今后进行实证调查的灰色地带，例如，严打可能是内生性的（Dai，2015c）。Van de Weele（2012）提到，执法力量不是外生的，而是由执法机构内部社会与执法者和社会过程之间的反馈效应决定的。严打还可能导致位移效应，例如，在严打期间受到严打的参与者将转移到其他地区，从而降低严打的效率。所有这些问题都可以在未来的研究中被解决。

附录 3.1

图 A3.1-1 为搭建的现场实验的实验室。

图 A3.1-1　搭建的现场实验的实验室

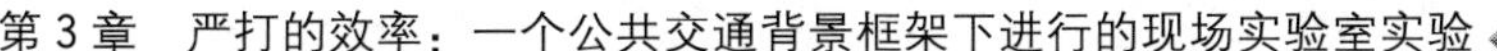

图 A3.1-2 为截取的实验决策页面。

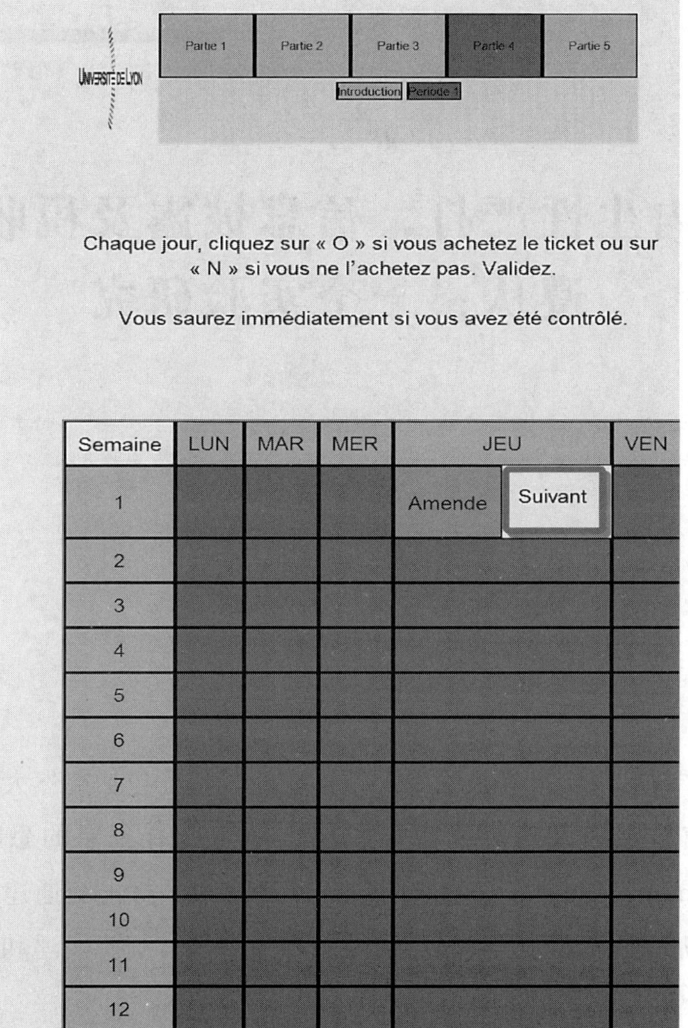

图 A3.1-2　实验决策页面

第 4 章

内生性严打，信息披露及税收遵从：一个实验研究

4.1 引言

严打在现实世界执法中无处不在，其特征包括突然大幅度增加警官数量以及对具体犯罪或特定地点所有犯罪的恐吓威胁(Sherman，1990)。它的应用包括遏制逃税，打击交通违法行为(如酒后驾车及超速驾驶)、腐败、毒品交易、街头卖淫和城市暴力等。[①]

严重的打击通常是由于观察到高水平的犯罪或发生严重行为而内生触发的。例如，在美国，奥巴马政府曾发起过一项对于国

① 这个清单并非详尽无遗，例如，它也适用于停车执法，打击非法移民、走私、黑客，甚至自行车骑手执法等。

际逃税行动的打击行动，以应对披露的有关离岸金融活动规模的巴拿马文件丑闻。在发生严重事故后，纽约对骑自行车违规者进行了严打。巴尔的摩在杀人达到了 43 年以来高峰时发起了“放下你的枪”（Put Your Guns Down）行动。[①] 在欧洲，在 2015 年 9 月致命的巴黎袭击事件发生后，法国已将 115 000 名士兵和警察部署到该国的街道上，以确保国家安全［另见 Draca 等（2005）在伦敦的类似案例］。在中国，由于腐败高发，触发了大规模的反腐行动（拍“苍蝇”和打“老虎”）。

理论研究最近认识到在威慑方面使用打击的效率，并认为打击应该预先宣布以最大限度地发挥其威慑作用（Lando and Shavell，2004；Lazear，2006；Eeckhout et al.，2010）。[②] 然而，这些研究考虑了外生性严打，并且没有理论和实证研究来关注出现内生性严打的情况，这是本研究的主要焦点。此外，对于事先宣布严打的担忧是，潜在的违规者可能会选择只在镇压期间遵守规则并在事后立即违规，这可能会适得其反，并使长期的打击政策效果不佳。[③] 事实上，严打可以事前或事后[④]公布，也可以不公布。我们事先并不清楚公布严打是否可以增加遵从性。

为了填补这个空白，我们设计了一个简单的理论模型来模拟当出现内生性严打时人们的行为，并且通过在各种信息环境下的

---

① 其他例子包括在道路死亡事故不断严重时，澳大利亚发起了针对不系安全带的上路者的管制。针对成千上万的人们越过地中海和数千人丧生的情况，欧盟开展了一项管制行动，最初集中在挽救在公海漂流的人，后来还直接针对走私和贩运活动。

② 从博弈论的角度来看，Kleiman 和 Kilmer（2009）认为，威慑的直接交流可以将高违规均衡的“倾覆”成本降到最低限度。

③ 如果人们了解了集中执法的信息，犯罪可能会发生转移（Lando and shavell，2004）。

④ 管制政策可以通过社交媒体或者口头传播。

实验室实验来测试我们的模型。这里，我们旨在回答以下几个重要的问题：(1) 人们对严打如何反应且反应速度如何？(2) 在非严打时期，人们是否会通过完全逃税来弥补严打期间的潜在损失？(3) 严打是否应该被公布以及应何时公布？(4) 一次严打应持续多久？(5) 策略相互依存对实施严打的影响是什么？特别地，我们感兴趣的是，在策略相互依存时，该如何回答上述问题。

我们在逃税背景下构建模型。[①] 准确地说，也就是在一个小组中个人决定在最初的低审计制度下报告多少收入。如果发生审计并发现该组中的欺诈率超过了某个阈值，就会触发严打行为，导致下一个审计周期的审计概率急剧增加。这种高审计可能性会一直持续到所有被审计人员全额报告其收入为止。这种模式的一个重要方面是，个人的收益也取决于他人的行为，这种行为既会导致个人不诚实的负面外部效应，也会引起纳税人之间的策略相互依赖。我们的模型预测被试将在非严打时期完全逃税而在严打时期完全遵从。这个过程捕捉了内生性严打的基本特征。

为了测试我们的模型，我们设计了一个逃税实验。在该实验中 3 个人为一个小组，实验共有 60 期。在审计时，低报收入会受到制裁。我们执行两种不同的审计概率：低审计概率（$P_L=$

---

① 在税务欺诈领域使用管制手段并不罕见。例如，英国就 HM Revenue & Customs 公司税收欺诈行为进行了管制，缴获 72 亿英镑。在中国，由于打击偷税漏税，跨国公司正受到比以往更严格的审查。在美国，打击海外逃税行为的步伐并没有放缓。欧盟委员会已经开始加强对企业逃税的打击。

0.2）和高审计概率（$P_H=0.9$），后者代表严打。[①] 初始阶段从低审计概率开始是常识。如果审计结果显示 3 个人中有 2 个人或 3 个人在组中低报收入，则整个组在下一个时期会触发严打。这种高审计可能性一直持续到新审计显示所有审计主体完全报告其收入为止。在没有通知的处理组（以下称其为“NoAnn”）中，被试不会被告知严打的发生。在其他两个处理组中，我们会告知严打的发生，但在两组中告知严打发生的时间不同。在事先宣布处理组（以下称其为“PreAnn”）中，我们在每个时间段发生严打时，在被试做出决策之前告知严打，而在事后宣布处理组（以下称其为“PostAnn”）中，在每个时间段发生严打时，我们会在被试做出决策之后告知严打。为了研究策略相互依赖对报告行为的影响，我们引入了外生性无宣布处理组（以下称其为“ExoNoAnn”），该处理组中使用与无宣布处理组相同的实证分布的审计，以便审计能够独立于被试的报告行为而发生。通过比较该处理组中的行为与在 NoAnn 处理组中观察到的行为，我们可以分离策略相互依赖对报告行为的影响。

我们的实验结果表明，被试的遵从性对于严打有积极的反应。他们在非严打期间报告的收入显著高于预期。其他处理组表明，事前或事后公告严打都能够显著地提高被试在非严打时期的遵从性。公告的时机对于遵从性的影响没有显著的差异。最后我们的结果表明，强制严打只会对采取策略相互依赖策略的行为产生显著的影响。

① 我们未将审计概率设置为 1 是因为管制几乎不可能被完成。

本章结构安排如下：第4.2节对相关研究进行综述。在第4.3节中，我们建立了一个简单的基于博弈论的理论模型，为我们的实验提供了理论框架。第4.4节介绍了实验设计。第4.5节介绍了实验过程。第4.6节讨论了这些结果并得出结论。

4.2 相关文献

本章涉及三类文献。第一类是最近兴起的关于严打的文献。在这些文献中，理论研究已经证明了使用打击的优点（Lando and Shavell，2004；Lazear，2006；Eeckhout et al.，2010）。其作者认为，如果犯罪与预期惩罚之间的关系是凹性的，那么集中镇压将胜过随机审计政策；如果它是凸性的，则相反。这些模型还表明，打击应该预先被宣布以最大限度地发挥其威慑作用。在实证研究中，Di Tella 和 Schargrodsky（2003）研究了医院中的腐败问题。他们表明，在严打的前9个月中，医院的基本和同质性支出下降了15%。在一项自然实验中，Di Tella 和 Schargrodsky（2004）发现，在发生恐怖袭击后，警方保护力度增加使得汽车偷盗事件大幅减少。虽然这两项研究用实证数据分析了内生性严打的影响，但是严打的纯粹效应没有被完全分离出来。Draca 等（2011）使用了2005年7月伦敦恐怖袭击事件的详细数据，研究显示在伦敦警力突然大幅增加时，犯罪活动会减少。Banuri 和 Eckel（2015）利用实验室实验调查了严打是否对腐败产生长期影响。他们的调查结果显示，打击行为只会对贿赂产生短期影

响。Dai 等（2015）利用公共品博弈在一个博弈中调查在不明确情况下的合规情况，在该博弈中，捐献低于该群体捐献平均值的对象会受到制裁。他们比较了连续处理组（即严打）和随机审计处理组，随机处理组的审计概率是前者的 1/3，但罚款高了 3 倍。他们的研究结果表明，与连续审计相比，随机审计方案可以维持相同水平的捐献。他们得出结论认为，如果被试没有被告知被审计的风险，则打击效率会降低，因为连续审计需要更多次的审计来达到预期效果。Dai 等（2016）在一次现场实验中使用原创的公共交通博弈测试了各种外生性严打的相对效率。他们的主要结果表明，一个简单的随机方案比有或没有预先公告的各种打击政策的表现要好。然而，这些研究都没有考虑内生性严打的情况，这是当前研究的主要焦点。

第二类文献涉及外生性审计。我们的理论工作与 Landsberger 和 Meilijson（1982）的关系最密切，他们在所得税合规模型中表明，审计概率取决于最近一次审计结果的执行制度在成本收益方面比审计频率独立于以往审计结果的系统更有效。① 然而，这种模式只关注个人行为，不考虑策略的相互依赖性。我们通过证明策略相互依赖虽然在理论上与遵从性无关，但在实验中至关重要而扩充了这个模型。在税收遵从领域的一些实验研究已经考虑了策略相互依赖对税收遵从的影响。Alm 和 McKee（2004）实验

① 有关此模型的扩展，另请参见 Greenberg（1984）、Harrington（1998）和 Friesen（2003）。Clark 等（2004）提供了 Harrington（1998）和 Friesen（2003）模型之间的实验比较。参见 Cason 和 Gangadharan（2006）对 Harrington 模型的实验测试（1998）。我们的研究与这些研究的不同之处在于我们引入了策略不确定性，另一个主要区别是我们考虑了一种特殊的审计政策。

性地调查了每个人上报的税收与其他纳税人上报的平均数的差来确定收益产生时的合规行为。他们的结果显示，个人无法在零顺从均衡上进行协调。Coricelli 等（2011）使用类似的审计规则表明，作弊也与被试的情绪唤起相关。Tan 和 Yim（2014）发现，与审计概率恒定的处理组相比，较高的策略相互依赖导致了更高的遵从性水平。Cason 等（2016）发现，与随机审计处理组相比，审计概率随着预期低报程度的增加而增加的竞争性审计处理会引起更高的报告收入。这里，我们也考虑内生性审计规则，但主要区别在于我们调查了特殊的审计规则，即严打，以及各种公告政策的影响。

第三类是我们的工作中涉及的大量博弈方面的文献（Cooper et al.，1990，1992；Van Huyck et al.，1990，1997）。由于审计的发生取决于整体报告行为，纳税人有动力协调其报告行为，因此可以避免严打。与本章直接相关的是由 Arthur（1994）提出的 EI Farol 酒吧问题，其目的是在他创造出的聚合环境下模拟归纳推理和可能的反馈机制。① 这其中最有意思的一点是，尽管没有演绎理性的解决方案存在（Whitehead，2008），但我们通常可以观察到，与会者人数持续在预设的阈值水平附近波动（Franke，2003）。EI Farol 酒吧问题与本章提出的内生性严打情况有一些相似之处，特别是，在我们的模型中，预设的阈值类似于酒吧的容量。我们的案例与其的主要区别在于，我们的案例与不诚实行

① “N 个人在每个星期四，在没有串通或事先沟通的情况下独立决定是否去当晚提供特别娱乐的酒吧（被称为‘EI Farol’）。如果酒吧不拥挤则会很愉快；否则被试宁愿留在家中。‘拥挤’是由基准 B（$0<B<N$）定义的，若超过 B 个人出现，酒吧则是拥挤的；如果少于或等于 B 个人出现，则酒吧就是不拥挤的，被试会很愉快。”引自 Franke（2003）。

为有关，在我们的案例中有两个不同的阈值：触发打击的阈值与结束打击的阈值不同。

4.3　一个动态的内生性严打理论模型

我们以逃避所得税为例提出了该模型，但它同样适用于许多其他非法情况。该模型基于 Landsberger 和 Meilijson（1982）提出的调整框架产生。我们通过证明策略相互依赖对预测打击事件的发生至关重要来补充这一模型。

一组 N 个风险中性的纳税个人获得固定收入 y 并单独决定报告多少收入。如果收入为 y 的个人报告收入 z，则他支付 $t(z)$ 作为所得税。如果他被审计并且 $z<y$，则必须支付额外的金额 $f(y, z)$。个人被告知其最初将以低概率 P_L 进行审计。如果审计发现并显示该组审计过的逃税者总数超过预设阈值 T_1，则在下一阶段将触发严打，即审计概率增加至 P_H（即严打时的概率），$0<P_L<<P_H\leqslant 1$。如果没有审计或者逃税者人数在阈值 $\mathbb{T}_1$ 以下，审计概率保持不变。如果该组在严打期间被审计，并且如果发现逃税者的数量等于或低于阈值 $\mathbb{T}_2$，$0\leqslant\mathbb{T}_2<T_1$，则在下一个时期审计概率将返回到 P_L，否则，严打将继续。因此，审计概率之间的转换只有在发生审计时才会发生。

函数 t 和 f 被假设为非负的。我们进一步假设：

(1)　$\sup\limits_{\{z,y \mid 0\leqslant z<y\leqslant x\}} f(y, z)<\infty$，for all $x>0$。

且

(2) $\inf_{\{z\mid 0\leqslant z<y\}}\{t(z)+f(y,z)\}>t(y)$，for all $y>0$。

假设（1）和假设（2）在任何合理的设置中都得到了明确的满足，因为它确保在审计发生时逃税的收益低于合规。个人通过在一个时期内低报收入而支付的所得税由下式给出：

(3) $T(y,P_i)=\inf_{\{z\mid 0\leqslant z<y\}}[t(z)+P_i f(y,z)]$。

个人将按照目前情况下的短视规则行事（Landsberger and Meilijson，1982）。也就是说，他们只比较当前税收的预期价值，但忽略了未来的后果。如果满足假设（4），他们会全额报告他们的收入。

(4) $t(y)\leqslant T(y,P_i)$。

图 4-1 显示了代表性个人 i 的税收结构。

		State	
		Non-crackdown	Crackdown
Individual i	Compliance	$t(y)$	$t(y)$
	Evasion	$t(y, P_L)$	$t(y, P_H)$

With $t(y, P_L) < t(y) < t(y, P_H)$

图 4-1　个人 i 的税收结构

根据上述定义，我们现在可以更加正式地定义内生性严打博弈。

定义 1：将内生性严打博弈定义为一次性策略博弈 $\Gamma=\langle N,\Delta,\pi^i\rangle$，包括如下：

• N 个个体，编号为 i，$i\in\{1,2,\cdots,N\}$。

• 有限的行为设定 $\Delta=\{0,1\}$ 由 δ 表示，当 $\delta^i=1$ 时表示个体行为为“逃税”，$\delta^i=0$ 时为“合规”。

• 一个税收收入函数 π^i：$\delta^i\times\delta^{-i}\rightarrow\mathbb{R}=\{T(y,P_L),t(y),$

$T(y, P_H)\}$，其中，$T(y, P_L) < t(y) < T(y, P_H)$，而 $\mathbb{T} \sim \delta^{-i} = \prod_{i \neq j} \delta^{-i}$ 定义了严打的情况。

正式地，我们可以将所得税函数写成：

$$t^i(\delta^i) = \begin{cases} T(y, P_H) & \text{if} \quad \delta^i - 1 \text{ and } \sum_{j \neq i} \delta^j \geqslant \mathbb{T}_1 \\ T(y, P_L) & \text{if} \quad \delta^i - 1 \text{ and } \sum_{j \neq i} \delta^j < \mathbb{T}_1 \\ t(y) & \text{if} \quad \delta^i = 0 \end{cases} \tag{4-1}$$

为了完整性，我们将内生性严打博弈定义为反复内生的严打博弈。

定义 2： 内生性严打博弈是重复的阶段性博弈。

显然，对于每个个人都有 4 种相互的策略。

S_{00}：不论是否严打，一直保持合规；

S_{01}：在非严打期间合规，在严打期间逃税；

S_{10}：在非严打期间逃税，在严打期间合规；

S_{11}：不论是否严打，一直逃税。

策略 S_{00} 和 S_{01} 可以被排除，因为它们从来都不是最优的。如果个体 i 只在现在最大化他的预期效用，而忽略他目前的决定对未来的可能影响（即个体是“短视的”），S_{10} 稍强于 S_{11}。这引出了我们的第一个命题。

命题 1： 最优策略是在非严打期间逃税，在严打期间合规。

严打政策的一个核心要素是严打持续多久。为了回答这个问题，我们需要知道对象是否以及如何迅速对打击做出反应。在目前的情况下，最佳策略是一旦触发打击立即合规。由于这是共同了解的信息，因此如果个人是理性的，他们可以通过立即合规打击行动来结束打击。这引出了我们的第二个命题：

命题 2：个体会对严打快速做出反应。

先前的研究通常认为应该预先公布严打［例如，参见 Eeckhout 等（2010）和 Lazear（2006）］。他们主要的观点是，如果不预先公布严打，在合规行为增加之前人们需要反应时间。然而，关于预先公布的问题是，被试可能会选择只在严打期间遵守并在事后完全逃避。事实上，Dai 等（2016）通过实验表明，与随机审计政策相比，如果在外生环境中预先公布严打，整体欺诈率将显著提高。[①] 目前尚不清楚如果严打是内生性的，情况是否会相同。如前所述，小组中的每个人都应选择 S_{10}。因此，假设审计在第 n 个时间段中发生，那么在第 $n+1$ 个时间段中严打必定会被触发。在第 $n+1$ 个时间段中的最优策略是完全合规，一直到下一次审计在第 $n+1+m$ 个时间段中发生，之后被试将会在第 $n+1+m+1$ 个时间段中重新逃税，因为那时严打必定会结束。这意味着策略相互依赖关系对于预测打击事件的发生是必不可少的，并且对打击发生的推断与公布无关。这引出了我们的第三个和第四个命题。

命题 3：事前或事后公布严打对于报税行为没有影响。

命题 4：相互策略依赖在预测严打的发生方面起着重要作用。

① 在他们的设置中，管制由一个系统性审计结构而不是高审计概率来表示。

4.4　实验设计及预测

实验包含一个基准组：NoAnn 处理组。在其他处理组中，我们改变披露策略。与现实世界一样，严打可以在事前或事后公布。为了提供全面的比较，另外两个处理组（PreAnn 和 PostAnn）旨在探索严打的公布模式对遵从性的影响。我们也对分离策略相互依赖对他人行为的影响有兴趣。我们引入了 ExoNoAnn 处理组，它与 NoAnn 处理组具有完全相同的审计模式，但审计的发生与报税行为无关。

4.4.1　NoAnn 处理组

我们的基准处理组包括 60 个时间段的逃税博弈。在实验开始时组成三人小组，并在整个过程中保持固定。在每个阶段开始时，每个小组成员被赋予总收入 100ECU（实验货币单位），并且必须决定要报告多少 ECU（0～100）。在这个阶段之前是一个信念启发阶段，在这个阶段中，每个人都必须报告自己对于审计概率是 20%还是 90%的信念。报税的税率为 30%。在第三阶段，根据上一期间的审计结果，在小组层面可能发生审计，概率为 20%或 90%。如果发现漏报，总收入的税率为 30%，必须支付罚款。罚款为总额与报告收入之间的差额。收益计算如下：收益＝100－30%×总收入－（总收入－上报收入）。

审计概率确定如下：在第一个时间段中，审计概率设为

$P_1=20\%$。如果发生审计，所有组员都要接受审计。如果在一个时间段中进行了审计，并且组中 3 个成员中有 2 个或 3 个成员没有完全报告他们的收入，那么在下一个时间段中，审计概率转换为 $P_2=90\%$。这个概率一直不变，直到一次审计发生且表明该组所有人都全额上报了收入为止。准确地说，如果一个审计以概率 P_2 发生，并且显示所有组成员全部报告收入，那么审计的可能性将在下一个时期回到 P_1，否则，这个过程会一直持续到博弈结束。被试在每个时间段结束时被告知是否发生审计以及他们在该时间段的收益。被试既不会被告知当前阶段的审计概率（第一个时间段除外），也不会被告知下一个时间段中审计概率是否会发生改变。

被试在实验结束时的收益为随机抽取的 6 个时间段的收益的总和。如果在实验结束时，他们能对 60 个时间段中的一个随机时间段做出正确的预测，则再加上 1ECU，否则他们在预测方面的收益为 0ECU。①

4.4.2 PreAnn 和 PostAnn 处理组

在 NoAnn 处理组中，参与者不会收到任何关于严打发生的信息。除了参与者被告知审计概率的变化（仅从 P_1 到 P_2）之外，其他处理与 NoAnn 处理相同；② 该组没有信念启发。准确地说，对于 PreAnn 处理组，参与者在做出报告决定之前会被告知

① 我们只为一个预测支付来限制对冲风险（Blanco et al.，2010）。

② 这保持了一定程度的不确定性。告诉被试发生管制的目的是增加管制的最初效果。但是，执法当局告知人们打击行动的结束并没有额外的好处，反而能最大限度地发挥管制的残余效应。

当前期间审计概率是否增加。如果没有变化或者概率下降，他们不会收到任何信息。相反，在PostAnn处理组中，参与者在他们上报收入后，在本期结束时通知本期审计概率是否发生变化（仅从P_1到P_2）。

4.4.3　ExoNoAnn处理组

ExoNoAnn处理组的主要目的是了解策略相互依赖性消除时被试的行为。在这种处理中，审核的发生与被试的报告行为无关。ExoNoAnn处理组按照NoAnn处理组的前几次实验观察到的情况复制完全相同的审计模式。其唯一的区别是审计模式独立于ExoNoAnn处理组中参与者的实际报告，而NoAnn处理组中的模式是内生性的。因此，两种处理组之间的任何差异都应该归因于策略相互依赖性。

4.4.4　实验前与实验后问卷

尽管一些研究表明，风险态度对逃税行为的影响不大（Andreoni et al.，1998；Kirchler，2007；Torgler，2007），但是当策略相互依赖性时，这种情况是否成立是未知的。[①] 为了研究这一点，我们通过Eckel和Grossman（2008）开发的方法，使用与Eckel等（2012）以及Cardenas和Carpenter（2013）相

① 例如，Coricelli等（2010）发现投资于高风险资产金额较高与低报收入比例较高有显著关联，但这种现象会在之前的审计期间消失。

同的视觉显示，在实验开始时引发参与者的风险/模糊态度。有四个连续的彩票选择（见图 4－2）。从右上角开始顺时针移动，彩票的期望收益和方差不断增加（除了最后一次只有方差增加）。① 对于损失情境下的彩票，在初始时给予其 40ECU 来避免损失。在实验结束时选择了四种彩票中的一个来确定付款。我们还使用了实验后人口统计问卷。

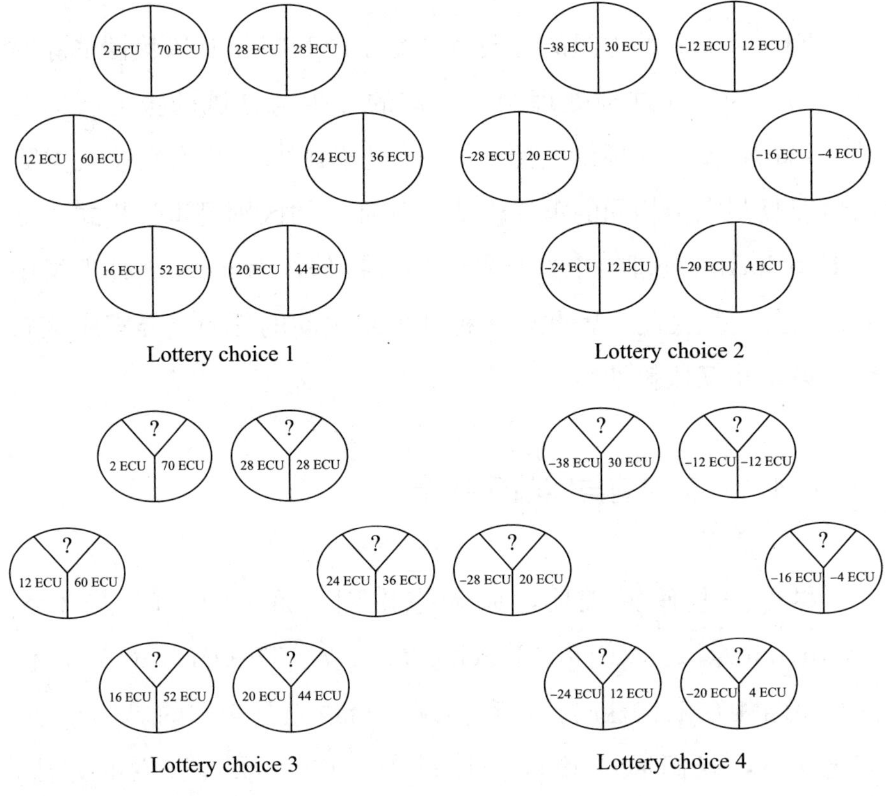

图 4－2　彩票收益

① 每个抽奖的期望收益随着顺时针移动而增加，从 28ECU 到 36ECU，收益的变化也是如此。

4.4.5　预测

在具有策略相互依赖性的处理组（NoAnn、PreAnn 和 PostAnn）中，因为我们假定被试是理性的和短视的，因此在第一阶段中，由于审计概率低，所以每个人都应该报告收入为零。直到在前一时间段中发生了审计，他们才会上报全部收入，因为严打在当前阶段一定会被触发。同理，他们会在下一次审计发生之后重新逃税。在 ExoNoAnn 处理组中，由于审计模式与实验中的主体报告行为无关，因此不可能了解严打的发生规律。所以，与其他三个处理组相比，被试难以区分在 ExoNoAnn 处理组中的严打和非严打状态。[①] 基于我们的理论命题和实验设计，我们现在总结以下预测。

预测 1： 除了 ExoNoAnn 处理组外，被试在严打期间报告的收入明显高于非严打时期。

预测 1 表明了被试对严打的反应，他们应该能够协调以快速结束打击。这引出了预测 1a。

预测 1a： 处理组 NoAnn、PreAnn 和 PostAnn 的平均严打时间很短。

正如本节开头所讨论的，公告并不是预测严打发生的必要条件。然而，策略相互依赖性对推断严打的发生至关重要，但这引出了我们的第二个和第三个预测。

---

① 例如，Dai 等（2015a）通过实验表明，当审计是外生性的且在模棱两可的环境中没有规律时，个体很难区分政策的改变。

预测2： 严打公告对报告行为没有影响。处理组 NoAnn 与处理组 PreAnn 和 PostAnn 没有区别。

预测3： 在处理组中的被试仅在策略相互依赖的时候对严打的发生做出反应。

然而，信息公开可以使严打更加显著，因此可能会产生更高的威慑水平。这引出了我们的猜想1。

猜想1： 公布处理组（PreAnn 和 PostAnn）的总体遵从度高于没有公布的处理组（NoAnn）。

4.5 实验过程

所有会议都是在法国里昂的 GATE-LAB 使用 z-tree（Fischabacher，2007）进行的。所有105个参与者都是通过 Hroot 软件（Bock et al.，2014）邀请的工程学和商学院的本科生。每种处理组都进行了两次实验。表4－1是实验信息的总结。

表4－1　实验信息汇总

Session number	Treatment	# participants	# Independent Obs.	Belief elicitation
1	NoAnn	12	240	Yes
2	NoAnn	12	240	Yes
3	PreAnn	15	300	No
4	PreAnn	12	240	No
5	PostAnn	15	300	No
6	PostAnn	15	300	No
7	ExoNoAnn	12	240	Yes
8	ExoNoAnn	12	240	Yes

注：每一组的每一期作为一个观测值。

抵达后，参与者通过从不透明袋子中拉出标签随机分配到终端。每部分的说明在完成前一部分后分发并朗读（参见附录 4.1）。问题是私下解答的。我们在实验开始前检查了参与者的理解水平。付款形式是与私人在一个单独的房间用现金支付。

除付款环节外，实验大约持续 60 分钟，平均支付额为 17.71ECU（S. D. 3.72ECU）。

4.6　实验结果分析

我们首先分析在严打期间和非严打期间被试的报告行为。其次考虑公告的影响。再次，我们研究每次处理组的平均严打时间。最后，我们考察策略相互依赖的影响。

4.6.1　被试会对严打做出反应吗

表 4－2 总结了平均信念和平均报告的统计数据，按照处理组和管治时期分类。不出所料，表 4－2 显示，在每个处理组中，严打期间上报的收入要高于非严打期间。威尔科克森双侧检验显示，除严打外生性的 ExoNoAnn 处理组（$p=0.542$）外，其他组的上述差距都是显著的（$p<0.001$）。图 4－3 显示了在每次治疗中打击和非打击期的合规比例。合规被定义为完整上报收入，否则被视为逃税。图 4－3 显示，在严打期间 NoAnn 处理组的合规率为 83.14％，在非严打期间为 40.54％。PreAnn、PostAnn

和 ExoNoAnn 处理的值分别为（84.90%，58.61%）、（75.78%，56.33%）和（53.33%，48.10%）。威尔科克森双侧检验再次显示，除 ExoNoAnn 处理组外（$p=0.878$），所有配对差异均显著（$p<0.001$）。表 4-2 和图 4-3 都证实被试通过提高遵从度来对严打做出反应，这引出了我们的第一个结论。

表 4-2　　关于主观信念、纳税额度和严打次数的汇总统计

Variables	Periods	Treatments			
		NoAnn	PreAnn	PostAnn	ExoNoAnn
Mean Beliefs	Non Crackdowns ($P=0.2$)	34.13 (28.11)	—	—	49.00 (34.50)
	Crackdowns ($P=0.9$)	71.49 (30.92)	—	—	45.28 (33.72)
	All	40.90 (32.05)	—	—	48.54 (34.41)
Mean Reports	Non Crackdowns ($P=0.2$)	53.92 (44.29)	66.46 (44.28)	66.39 (43.18)	66.96 (41.03)
	Crackdowns ($P=0.9$)	88.71 (29.03)	87.45 (32.09)	84.01 (33.99)	72.34 (40.04)
	All	60.23 (44.02)	68.95* (43.53)	70.47* (41.89)	67.63 (40.93)
# Obs.		1 440	1 620	1 800	1 440

注：数字表示平均值。标准差在括号内给出。曼-惠特尼双尾检验显著性用 * 表示，$p<0.10$。NoAnn 是基准组。

结论 1：在严打期间，被试通过比非严打期间上报更多收入来对严打做出反应，但是当严打为外生性时则不是如此。这支持了预测 1。

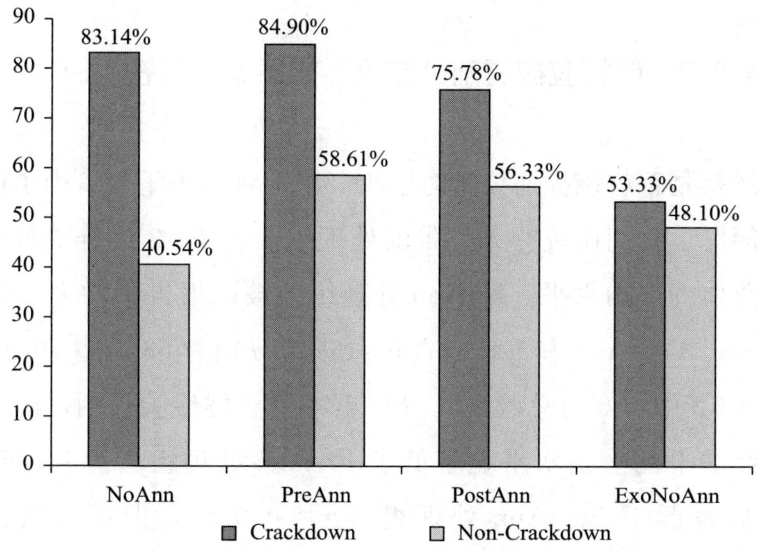

图 4－3　根据严打和非严打以及实验组划分的每组遵从比例

4.6.2　被试在非严打时期会完全逃税吗

接下来，我们看一下在审计概率较低时，被试是否会完全逃税。表 4－2 显示，在非严打期间，所有处理组的被试都平均上报了一半以上的收入。t 检验显示，所有处理组在非严打期间报告的收入显著大于零（$p<0.001$），这意味着被试不会完全逃税。这与我们的命题 1 相矛盾，但与观察结果相一致，即在现实世界中，尽管检查概率低，施加的罚款很小（Harrington，1988），但一般认为合规性相对较高。

结论 2：非严打期间，被试报告的收入明显高于预测值。

4.6.3 严打应被提前公布吗？如果是，应在何时

严打是否应该提前公布对于政策制定者至关重要。为了回答这个问题，我们比较有无公告的处理组。表 4－2 报告了每种处理在总体的平均水平。NoAnn 处理组的被试报告平均为 60.23，PreAnn、PostAnn 和 ExoNoAnn 处理组分别为 68.95、70.47 和 67.63（其中 100 为总收入）。曼-惠特尼双尾检验表明，NoAnn 处理组的平均上报水平显著低于 PreAnn 处理组（$p=0.054$）。它也显著低于 PostAnn 处理组（$p=0.051$），但不显著低于 ExoNoAnn 处理组（$p=0.345$）。PreAnn 和 PostAnn 处理组之间没有显著差异（$p=0.683$）。这意味着无论公告是事前或事后公布，都会显著增加收入的上报。

为了更正式地测试我们的模型，表 4－3 报告了来自各种 Tobit 模型的个人报告的决定因素的估计值，因为数据在左侧 0 和右侧 100 都被不可被观测到。误差在组层面上稳健。模型（1）将所有数据汇集在一起，并将每种处理的虚拟变量作为自变量，将 NoAnn 处理组作为参考类别。分别考虑模型（2）严打期间和模型（3）非严打期间。自变量包括收益情境的风险指数以及损失厌恶程度和不确定性厌恶程度。[①] 这些指数的较高值表明个体的风险较低或不确定性厌恶。最后，我们控制性别并将时间趋势包含在内。

---

① 损失厌恶是彩票 2 中的风险选择与彩票 1 中的风险选择之间的差异。不确定性厌恶被计算为彩票 1 中的风险选择和彩票 3 中的风险选择之间的差异。

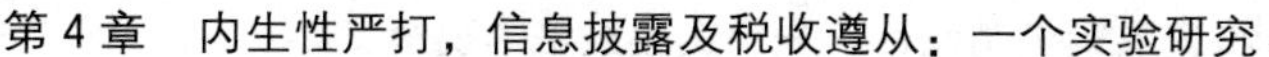

表 4-3　　申报额度的决定因素

Dependent variable：Report	(1)	(2)	(3)
	All Obs.	Crackdowns	Non Crackdowns
NoAnn Treatment	*Ref.*	*Ref.*	*Ref.*
PreAnn Treatment	54.45**	−1.11	66.51**
	(27.13)	(35.25)	(31.54)
PostAnn Treatment	43.49*	−45.71	54.60*
	(24.97)	(29.18)	(30.53)
ExoNoAnn Treatment	22.84	−115.77***	52.21
	(33.24)	(43.48)	(35.40)
Audited in $t-1$	118.16***	57.57**	116.12***
	(17.24)	(27.41)	(16.84)
Fined in $t-1$ if audited	−28.52	19.98	−118.37***
	(23.77)	(31.52)	(25.56)
Risk index in the gain domain	−18.78**	−12.23	−21.32***
	(7.70)	(15.23)	(7.89)
Loss aversion	−8.51	−1.43	−10.51
	(6.23)	(9.24)	(6.77)
Ambiguity aversion	−4.87	−3.05	−5.15
	(8.21)	(10.47)	(8.25)
Male	25.17	30.25	26.02
	(24.84)	(36.61)	(25.59)
Period	−0.14	1.34***	−0.29
	(0.20)	(0.50)	(0.23)
Constant	125.36***	205.12***	124.59***
	(32.51)	(65.40)	(34.46)
Observations	6 195	1 050	5 145
Left/right-censored obs.	1 459/3 449	126/792	1 333/2 657
Log-pseudo-likelihood	−11 793.635	−1 326.364	−10 374.539
Pseudo R^2	0.022	0.027	0.020

注：Tobit 模型，标准误在括号内显示。显著性用 * 表示：*** 为 $p<0.01$，** 为 $p<0.05$，* 为 $p<0.10$。

表 4 - 3 中的模型（1）证实，在总体水平上，PreAnn 和 PostAnn 处理组的上报收入显著高于 NoAnn 处理组，但是 ExoNoAnn 处理组除外。模型（1）还表明，如果被试在前一段时间被审计，他们的遵从度会更高。风险厌恶程度越低，被试合规越少。对模型（2）和模型（3）的仔细研究表明，只有在非严打期间，公告才会对报告行为产生显著的积极影响。这可能是因为在严打期间，合规度已经高到无法在 NoAnn、PreAnn 和 PostAnn 处理组中出现统计上的差异（即天花板效应）。我们发现，PreAnn 和 PostAnn 处理组在严打期间和非严打期间没有显著差异。这引出了我们的第三个结论。

结论 3：公告只在非严打期间增加收入的上报，在严打期间没有显著差异。因此对预测 2 的支持是错杂的，但它与猜想 1 一致。

4.6.4 严打平均持续多久

因为严打需要动用大量的人力、物力和财力，因此其成本是非常高的。政策制定者在计划启动严打行动时，确定严打应持续多长时间以优化严打资源分配是至关重要的。在当前的设置中，如果每个小组的被试无法协调好，一旦触发打击后将全部报告他们的收入，则打击可以持续到实验结束。表 4 - 4 报告了每个处理组在前 30 个时间段（即前文所说的“期”）和后 30 个时间段中的严打和非严打的平均持续时间。[①] 表 4 - 4 显示，在前 30 个时

① 按照设计，ExoNoAnn 处理组具有与 NoAnn 处理组相同的管制持续时间，因此在表 4 - 4 中省略。

间段和后 30 个时间段中，在 NoAnn 和 PreAnn 处理组中的平均持续时间大约为 2 个时间段，而在 PostAnn 处理组中大约为 3 个时间段。前 30 个时间段和后 30 个时间段之间的差异非常小，这表明即使在博弈的第一部分，被试也能够进行协调。总的来说，这表明被试能够快速协调以结束严打。这引出了我们的第四个结论。

表 4-4　严打的平均持续时间

Treatment	Mean duration of Crackdowns		Mean duration of Non-Crackdowns	
	First 30 periods	Last 30 periods	First 30 periods	Last 30 periods
NoAnn	2.13 (1.37)	2.15 (2.02)	7.37 (7.38)	11.84 (15.18)
PreAnn	2.07 (1.49)	2.41 (2.55)	8.10 (6.38)	10.59 (10.04)
PostAnn	2.98 (2.37)	3.37 (2.70)	7.45 (6.48)	9.78 (12.02)

注：严打的平均持续时间为每个实验组中连续严打次数的平均值（括号中为标准误）。

结论 4：被试能够通过充分报告他们的收入来迅速进行协调以制止严打。这支持了我们的预测 1a。

4.6.5　策略相互依赖性对遵从度的影响是什么

策略相互依赖性是内生性严打最突出的特征。因此，了解严打是如何在策略相互依赖性的情况下发挥作用的是很重要的。由于 NoAnn 和 ExoNoAnn 之间唯一的区别在于是否引入了策略相互依存关系，所以严打结果的任何差异都应该归因于策略相互依赖性。为了给出正式估计，表 4-5 报告了对 NoAnn 和 ExoNoAnn 处理组，在包含或不包含对审计概率信念的情况下来自各种 Tobit 模型的报告的决定因素的估计。[①] 表 4-5 中的自变量类似

① 我们在附录 4.1 中对信念给出了更详细的分析，其中我们表明，对于发生管制的信念在存在策略相互依赖性时会更加准确。

于表 4 - 3，不同之处在于我们增加了一个新的变量“严打”，它是过去时期发生的连续审计次数，在 NoAnn 和 ExoNoAnn 处理组中设计为完全相同。表 4 - 5 中的结果表明，对审计概率的较高信念导致了两种处理中的较高收入上报。较长时间的打击导致收入的报告明显增加，但仅限于在 NoAnn 处理组中，这意味着严打只会在策略相互依赖性存在时产生重大影响。同样，在 NoAnn 处理组中，前一个时间段被罚款会导致更高的收入上报，可能是因为被试预计会触发严打。这引出了我们的最后一个结论。

表 4 - 5　　申报额度的决定因素

Dependent variable：Report	NoAnn		ExoNoAnn	
	(1)	(2)	(3)	(4)
Belief	—	2.52***	—	1.58***
		(0.72)		(0.41)
Crackdown	26.19**	15.13***	1.12	4.02
	(11.46)	(4.73)	(9.41)	(9.11)
Fined in period $t-1$	197.10***	53.17**	−27.13	−23.99
	(52.23)	(25.80)	(19.45)	(19.33)
Risk index in the gain domain	−22.15	−10.57	−13.64	−12.79
	(13.70)	(11.95)	(9.75)	(11.84)
Loss aversion	−25.52*	−15.70	−2.18	−2.64
	(14.49)	(12.59)	(9.24)	(10.86)
Ambiguity aversion	−23.84	−19.05	4.16	4.82
	(16.63)	(13.35)	(13.89)	(14.55)
Male	−27.19	−38.06	58.59	61.47
	(32.52)	(29.93)	(45.52)	(45.73)
Period	−0.40	−0.24	0.08	0.29
	(0.28)	(0.29)	(0.24)	(0.19)
Constant	190.14***	61.81	128.45***	40.52**
	(58.57)	(67.49)	(20.79)	(17.83)

续前表

Dependent variable: Report	NoAnn		ExoNoAnn	
	(1)	(2)	(3)	(4)
Observations	1 416	1 416	1 416	1 416
Left/right-censored obs.	392/686	392/686	285/696	285/696
Log-pseudo-likelihood	−2 903.732 5	−2 780.263 8	−3 399.123 6	−3 234.806 5
Pseudo R^2	0.045 0	0.045 0	0.015 5	0.063 1

注：Tobit 模型，标准误在括号内显示。显著性用 * 表示：*** 为 $p<0.01$，** 为 $p<0.05$，* 为 $p<0.10$。

结论 5：严打仅在内生性出现时才会增强合规性。这支持了预测 3。

4.7　结论与未来研究方向展望

我们建立了一个简单的理论模型来捕捉内生性严打的核心特征，并进行实验室实验来测试它在各种信息方案下的运行方式和效果。我们的主要研究结果显示，被试对严打的发生会迅速做出反应，并能够迅速提高遵从度以结束严打。更重要的是，在这种机制下，即使在非严打时期，被试上报的收入也有总收入的一半以上。

我们的其他处理组表明，不论是事前或事后公开严打信息，信息公开都可以显著地提升非严打期间的遵从度。通过比较具有或不具有策略相互依赖性的处理组，我们能够证明，只有在策略相互依赖存在的情况下，严打才会产生重大影响。

虽然我们必须对将实验结果推广到实际情况保持谨慎，但我们的结果可能对设计更好的严打政策具有重要意义，因为计划不周、设想不周、管理不善可能产生比能解决的问题更多的问题。例如，我们的研究结果显示，被试对严打的反应很快，这可能意味着可能不需要长时间严打。事实上，Sherman 等（2014）表明，在警察出现 15 分钟后，巡逻的效果就开始下降，因此他们建议警察更短时间、更频繁地露面可能会更好。第二个直接的政策意义涉及是否应公布严打。我们的研究结果表明，如果严打是内生性出现的，最好宣传严打行动而不是将其作为秘密。

目前的研究只是全面了解严打政策的第一步。有趣的扩展将是以更大的团队规模来测试我们的结论的稳健性。另一个可能的延伸是改变阈值，这可以帮助我们理解在各种情况下如何更好地进行内源性镇压。这些扩展将在未来的研究中得以发展。

附录 4.1　分析信念对申报行为的影响

我们研究信念是否可以解释申报行为。图 A4－1（a）和（b）给出了平均报告和平均信念随时间变化的图形。[①] 从图 A4－1（a）和（b）可以看出，申报模式与信念密切相关，这表明如果被试认为审计概率较高，则上报更多收入，否则上报较少收入。正如结果部分的表 4－5 中已经提到的那样，计量经济学分析证实，高估审计概率的信念会导致更高的上报收入。此外，表 4－2 表

① 请注意，只有在没有信息公开的情况下，我们才会度量关于严打是否会发生的主观信念。

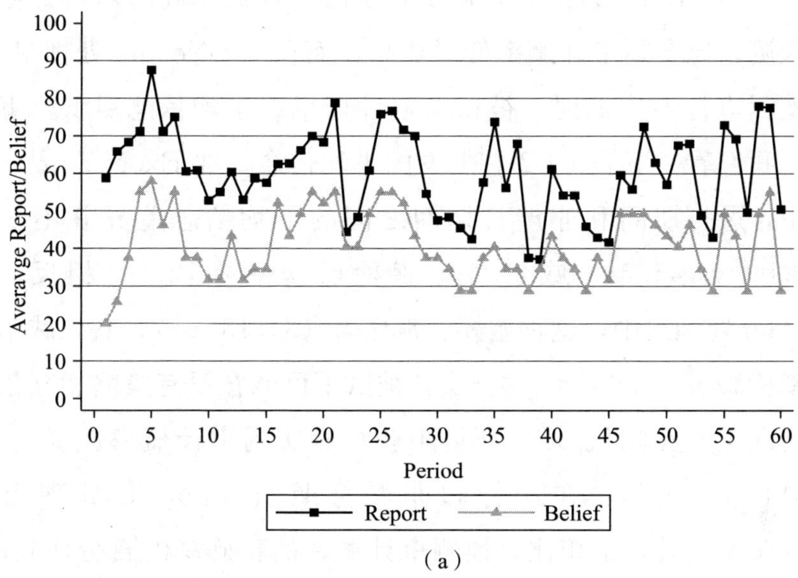

（a）

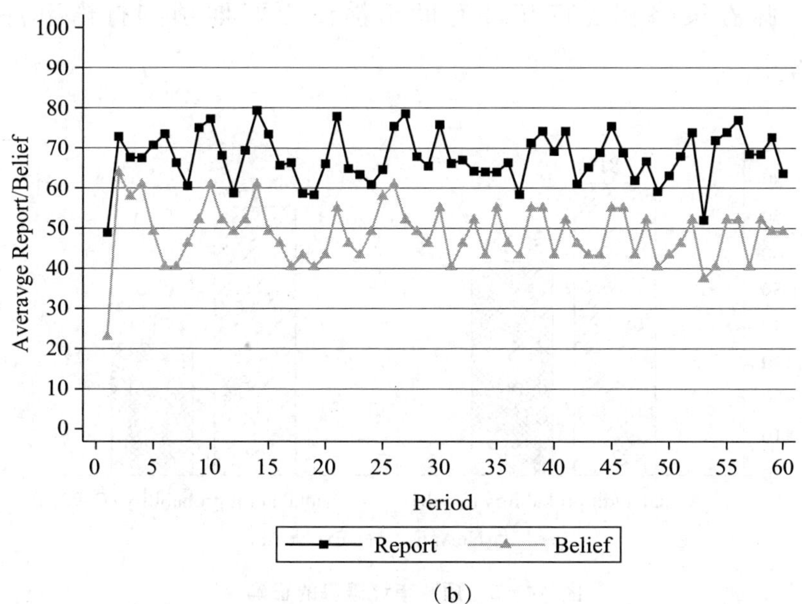

（b）

图 A4－1　平均报告和平均信念随时间的变化

明，在 NoAnn 处理组中，被试在实际审计概率高时对审计概率的预测，比实际审计概率低时要高，而在 ExoNoAnn 处理组中，当实际审计概率高时，被试对审计概率的平均信念更低。事实上，我们看一下表 4－2 右上方的平均信念，在 ExoNoAnn 处理组中，严打期间和非严打期间之间的平均信念差异并不显著（49.00 vs. 45.28，威尔科克森检验 $p=0.727$）。相反，在 NoAnn 处理组中，这种差异非常显著（34.13 vs. 71.49，威尔科克森检验 $p<0.001$）。这证实，被试不可能在没有策略相互依赖的情况下，在随机/外生环境中获得真实的审计概率。事实上，图 A4－2 显示，在严打和非严打期间，NoAnn 处理组与 ExoNoAnn 处理组相比，预测审计概率的正确率的百分比较高，这意味着策略相互依赖性有助于被试更好地预测打击事件的发生。

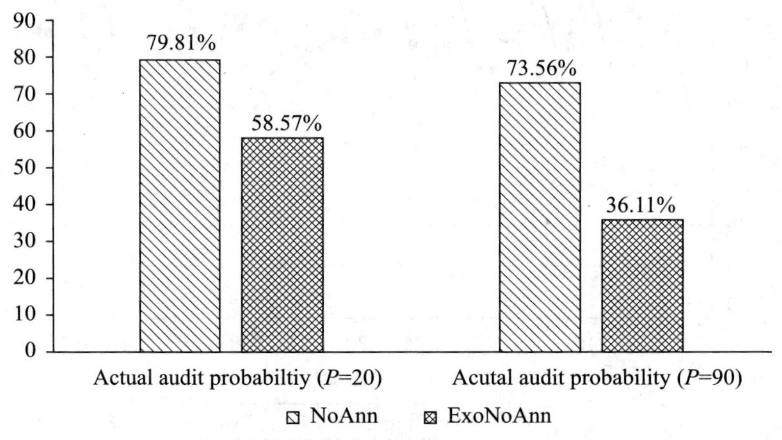

图 A4－2　预测审计概率的正确率

附录 4.2　实验说明[①]

感谢你参与此决策的实验。

在实验中，你的收益将取决于你的决定以及本次实验中其他参与者的决定。仔细阅读这些说明非常重要。实验由两个独立的部分组成。在实验结束时，你将获得这些部分的收入总和。在实验结束时，你本人将保密地获得现金支付。

在此博弈中，你的收益以 ECU（实验货币单位）计算。这部分的现金收益将根据以下转换率计算：

100 ECU＝1.6 欧元

你将和其他两个参与者组成一个小组；你的小组成员在博弈中将保持不变。这部分由 60 个独立时间段组成。在实验结束时，计算机程序将随机选择其中的 6 个时间段进行支付，每个时间段都有相同的随机选择机会。这部分的收入将是这 6 个时间段的收益总和。

小组构成

在实验开始时，程序将随机选出 3 个成员。在整个实验期间，小组成员保持不变。也就是说，你将在整个实验期间与其他

① 该实验说明原版为法语。

2 个同组成员进行互动。

任务

在每个时间段开始时，你的总收入为 100 ECU。我们要求你报告这笔收入。报告的收入适用 30%的扣除率。你决定你愿意报告多少收入（0 到 100 之间）。你报告的金额可以根据两种不同的审计概率 P（P 可以是 $P_1=20\%$或 $P_2=90\%$）进行审计。这意味着在 P_1 中，你有 20%的概率被审计。在 P_2 中，你有 90%的概率被审计。你的收入计算如下。

（1）如果没有审计。

30%的扣除适用于你所报告的总收入。你的净收入等于你的总收入减去你报告的收入的 30%：

收益＝100－30%×报告的收入

（2）如果有审计。

有两种可能的情况。

如果你报告的收入等于你的总收入，则你的收益计算如下：

收益＝100－30%×报告的收入

如果你报告的收入低于你的总收入，则会受到处罚。你的期间净收入等于你的总收入减去总收入的 30%再减去你未报告的收入（即你的总收入与你报告的收入之间的差额）的罚款。你的收益计算如下：

收益＝100－30%×总收入－(总收入－报告的收入)

如何确定审计概率

在第一个时间段中，设审计概率为 $P_1=20\%$。如果发生审计，所有组员都要接受审计。如果在一个时间段中进行了审计，并且你的小组中有 2 个或 3 个小组成员没有完全报告其总收入，那么在下一个时间段中，审计概率将转换为 $P_2=90\%$。这个 90%的概率将一直保留到另一次审计发生为止，并表明你所在群组的每个人都已完全报告了他们的收入。准确地说，如果在 $P=P_2$ 期间中发生审计并且所有组成员都完全报告，那么在下一个时间段发生审计的概率将回到 $P_1=20\%$。这个过程将持续到这个环节结束。

信息

在每个时间段结束时，你都会被告知你是否已经过审计，以及你在该期间的收益。

除了第一个时间段外，你不知道其他时期的审计概率。你不会被告知审计概率是否会在下一个时间段中发生变化（从 P_1 到 P_2 或从 P_2 到 P_1）。

仅适用于事前公告处理组

在每个时间段结束时，你都会被告知你是否已经过审计，以及你在该期间的收益。

在这个时间段结束时会通知你，在下一个时间段审计概率是否会发生变化（从 P_1 到 P_2 或从 P_2 到 P_1）。因此，在做出你的报告决策之前，你总是会了解该时间段中的审计概率。

仅适用于事后公告处理组

在每个时间段结束时，你都会被告知你是否已经过审计，以及你在该期间的收益。

除了第一个时间段末之外，你会在做出报告决策之后被告知当前时间段的审计概率是否与前一个时间段相比发生了变化（从 P_1 到 P_2 或从 P_2 到 P_1）。

在一个时间段结束时，新的时间段自动开始。

总结一下：

- 在每个时间段中，你决定报告多少收入。
- 你的报告和你的小组成员的报告有可能被审计。
- 在第一个时间段中，审计概率被设为 $P_1=20\%$。当且仅当发生审计并且有超过 1 个小组成员没有全额报告其总收入时，审计概率将在下一个时间段转换为 $P_2=90\%$。审计概率将保持在 90%，直到新的审计发生并指示每个成员完全上报了收入。在这种情况下，审计概率将在下一阶段转换为 P_1。

请再次阅读这些说明。如果你有任何问题，请举手，我们会私下回答你的问题。

在我们开始实验之前，请回答将马上会出现在计算机屏幕上的问题。当每个参与者都对问题做出了令人满意的回答时，我们将开始实验。

参考文献

Alm, J., Bloomquist, K. M., and McKee, M. (2015). On the External Validity of Laboratory Tax Compliance Experiments. *Economic Inquiry*, 53 (2), 1170 – 1186.

Alm, J. and McKee, M. (2004). Tax Compliance as a Coordination Game. *Journal of Economic Behavior and Organization*, 54 (3), 297 – 312.

Alm, J., Cronshaw, M. B., and McKee, M. (1993). Tax Compliance with Endogenous Audit Selection Rules. *Kyklos*, 46 (1), 27 – 45.

Alm, J., Jackson, B. R., and McKee, M. (2009). Getting the Word Out: Enforcement Information Dissemination and Compliance Behavior. *Journal of Public Economics*, 93 (3 – 4), 392 – 402.

Alm, J., Jackson, B., and McKee, M. (1992). Institutional Uncertainty and Taxpayer Compliance. *The American Economic*

Review 82 (4), 1018 - 1026.

Alm, J., McClelland, G. H., and Schulze, W. D. (1999). Changing the Social Norm of Tax Compliance by Voting. *Kyklos*, 52 (2), 141 - 171.

Andreoni, J. (1988). Why Free Ride? Strategies and Learning in Public Goods Experiments. *Journal of Public Economics*, 37 (3), 291 - 304.

Andreoni, J. and Bergstrom, T. (1996). Do Government Subsidies Increase the Private Supply of Public Goods? *Public Choice*, 88 (3 - 4), 295 - 308.

Andreoni, J., Erard, B., and Feinstein, J. (1998). Tax Compliance. *Journal of Economic Literature*, 818 - 860.

Andreoni, J. and Gee, L. K. (2012). Gun for Hire: Delegated Enforcement and Peer Punishment in Public Goods Provision. *Journal of Public Economics*, 96 (1112), 1036 - 1046.

Arthur, W. B. (1994). Inductive Reasoning and Bounded Rationality. *The American Economic Review*, 406 - 411.

Azrieli, Y., Chambers, C. P., and Healy, P. J. (2012). Incentives in Experiments: A Theoretical Analysis. Working Paper, Ohio State University.

Baker, T., Harel, A., and Kugler, T. (2004). The Virtues of Uncertainty in Law: An Experimental Approach. *Iowa Law Review*, 89, 1 - 43.

Banuri, S. and Eckel, C. (2015). Cracking Down on Bribery.

Social Choice and Welfare, 1－22.

Bebchuk, L. A. and Kaplow, L. (1992). Optimal Sanctions When Individuals are Imperfectly Informed about the Probability of Apprehension. *The Journal of Legal Studies*, 21 (2), 365－370.

Becker, Gary (1968). Crime and Punishment: An Economic Approach. *Journal of Political Economy*, 76 (2), 175－209.

Bereby-Meyer, Y. and Roth, A. (2006). The Speed of Learning in Noisy Games: Partial Reinforcement and the Sustainability of Cooperation. *American Economic Review*, 96, 1029－1042.

Blanco, M., Engelmann, D., Koch, A., and Normann, H. T. (2010). Belief Elicitation in Experiments: Is There a Hedging Problem? *Experimental Economics*, 13 (4), 412－438.

Bochet, O., Page, T., and Putterman, L. (2006). Communication and Punishment in Voluntary Contribution Experiments. *Journal of Economic Behavior & Organization*, 60 (1), 11－26.

Bock, Olaf, Ingmar Baetge, and Andreas Nicklisch (2014). Hroot-Hamburg Registration and Organization Online Tool. *European Economic Review*, 71, 117－120.

Bonfanti, G. and Wagenknecht, T. (2010). Human Factors Reduce Aggression and Fare Evasion. *Public Transport International*, 59, 28－32.

Bucciol, A., Landini, F., and Piovesan, M. (2013). Unethical Behavior in the Field: Demographic Characteristics and Beliefs of the Cheater. *Journal of Economic Behavior & Organization*, 93, 248-257.

Cardenas, J. C. and Carpenter, J. (2013). Risk Attitudes and Economic Well-being in Latin America. *Journal of Development Economics*, 103, 52-61.

Camerer, C. F. (2015). The Promise and Success of Lab-Field Generalizability in Experimental Economics: A Critical Reply to Levitt and List. In Frechette, G. R. and Schotter, A. (Eds.). *Handbook of Experimental Economic Methodology*, Oxford: Oxford University Press, 249-295.

Carpenter, J. and Matthews, P. H. (2009). What Norms Trigger Punishment? *Experimental Economics*, 12 (3), 272-288.

Cason, T. N., Friesen, L., and Gangadharan, L. (2015). Regulatory Performance of Audit Tournaments and Compliance Observability. *Mimeo*.

Chalfin, A. and McCrary, J. (2015). Criminal Deterrence: A Review of the Literature. *Journal of Economic Literature*, forthcoming.

Cooper, R. W., DeJong, D. V., Forsythe, R., and Ross, T. W. (1990). Selection Criteria in Coordination Games: Some Experimental Results. *American Economic Review*, 80, 218-233.

Coricelli, G., Joffily, M., Montmarquette, C., and Villeval, M. C. (2010). Cheating, Emotions, and Rationality: An Experiment on Tax Evasion. *Experimental Economics*, 13 (2), 226-247.

Dai, Z. (2016). Endogenous Crackdowns, Theory and Experimental Evidence. Available at SSRN 2799955.

Dai, Z., Galeotti, F., and Villeval, M. C. (2017). The Efficiency of Crackdowns: A Lab-in-the-field Experiment in Public Transportations. *Theory and Decision*, 82 (2), 249 – 271.

Dai, Z., Hogarth, R. M., and Villeval, M. C. (2015). Ambiguity on Audits and Cooperation in a Public Goods Game. *European Economic Review*, 74, 146 – 162.

de Angelo, G. J. and Charness, G. (2012). Deterrence, Expected Cost, Uncertainty and Voting: Experimental Evidence. *Journal of Risk and Uncertainty*, 44, 73 – 100.

Denant-Boemont, L., Masclet, D., and Noussair, C. (2007). Punishment, Counterpunishment and Sanction Enforcement in a Social Dilemma Experiment. *Economic Theory*, 33 (1), 145 – 167.

Di Tella, R. and Schargrodsky, E. (2003). The Role of Wages and Auditing During a Crackdown on Corruption in the City of Buenos Aires. *The Journal of Law and Economics*, 46 (1), 269 – 292.

Di Tella, R. and Schargrodsky, E. (2004). Do Police Reduce Crime? Estimates Using the Allocation of Police Forces After a Terrorist Attack. *American Economic Review*, 94 (1), 115 – 133.

Di Tella, R. and Schargrodsky, E. (2002). Political and Economic Incentives During an Anti-corruption Crackdown. Manuscript, Harvard Business School.

Eckel，C. C. and Grossman，P. J.（2008）. Differences in the Economic Decisions of Men and Women：Experimental Evidence. *Handbook of Experimental Economics Results*，1，509－519.

Eckel，C. C.，Grossman，P. J.，Johnson，C. A.，de Oliveira，A. C.，Rojas，C.，and Wilson，R. K.（2012）. School Environment and Risk Preferences：Experimental Evidence. *Journal of Risk and Uncertainty*，45（3），265－292.

Eeckhout，J.，Persico，N.，and Todd，P. E.（2010）. A Theory of Optimal Random Crackdowns. *American Economic Review*，100（3），1104－1135.

Egas，M. and Riedl，A.（2008）. The Economics of Altruistic Punishment and the Maintenance of Cooperation. *Proceedings of the Royal Society B*：*Biological Sciences*，275（1637），871－878.

Eide，E.（2004）. Recent Developments in Economics of Crime. *German Working Papers in Law and Economics*，（1），8.

Ellsberg，Daniel（1961）. Risk，Ambiguity，and the Savage axioms. *The Quarterly Journal of Economics*，643－669.

Engelmann，D. and Nikiforakis，N.（2014）. In the Long Run We are All Dead：On the Benefits of Peer Punishment in Rich Environments. *Social Choice and Welfare*. In press.

Falkinger，J.（1996）. Efficient Private Provision of Public Goods by Rewarding Deviations from Average. *Journal of Public Economics*，62（3），413－422.

Falkinger, J., Fehr, E., Gächter, S., and Winter-Ebmer, R. (2000). A Simple Mechanism for the Efficient Provision of Public Goods: Experimental Evidence. *American Economic Review*, 90 (1), 247 - 264.

Falk, A. and Heckman, J. J. (2009). Lab Experiments are a Major Source of Knowledge in the Social Sciences. *Science*, 326 (5952), 535 - 538.

Farrell, G. and Thorne, J. (2005). Where Have All the Flowers Gone? Evaluation of the Taliban Crackdown Against Opium Poppy Cultivation in Afghanistan. *International Journal of Drug Policy*, 16 (2), 81 - 91.

Fehr, E. and Gächter, S. (2000). Cooperation and Punishment in Public Goods Experiments. *American Economic Review*, 90 (4), 980 - 994.

Fehr, E. and Rockenbach, B. (2003). Detrimental Effects of Sanctions on Human Altruism. *Nature*, 422, 137 - 140.

Ferster, C. S. and Skinner, B. F. (1957). *Schedules of Reinforcement*. New York: Appleton-Century-Crofts.

Fiorio, C., Iacus S., and Santoro, A. (2013). Taxpaying Response of Small Firms to an Increased Probability of Audit: Some Evidence from Italy. *University of Milan Bicocca Working Paper*, 251.

Fischbacher, U. (2007). Z-Tree: Zurich Toolbox for Ready-Made Economic Experiments. *Experimental Economics*, 10 (2),

171－178.

Fox，C. R. and Tversky，A.（1995）. Ambiguity Aversion and Comparative Ignorance. *The Quarterly Journal of Economics*，110（3），583－603.

Franke，R.（2003）. Reinforcement Learning in the El Farol Model. *Journal of Economic Behavior & Organization*，51（3），367－388.

Fréchette，G. R. and Schotter A.（Eds.）（2015）. *Handbook of Experimental Economic Methodology*. Oxford：Oxford University Press.

Friedland，N.（1982）. A Note on Tax Evasion as a Function of the Quality of Information about the Magnitude and Credibility of Threatened Fines：Some Preliminary Research. *Journal of Applied Social Psychology*，12（1），54－59.

Friesen，L.（2003）. Targeting Enforcement to Improve Compliance with Environmental Regulations. *Journal of Environmental Economics and Management*，46（1），72－85.

Gächter，S. Johnson，E. J.，and Herrmann，A.（2010）. Individual-level Loss Aversion in Riskless and Risky Choices. CeDEx Discussion Paper Series，No. 2010－20.

Gächter，S.，Renner，E.，and Sefton，M.（2008）. The Long-Run Benefits of Punishment. *Science*，322（5907），1510.

Gilpatric，S. M.，Vossler，C. A.，and McKee，M.（2011）. Regulatory Enforcement with Competitive Endogenous Audit

Mechanisms. *The RAND Journal of Economics*, 42 (2), 292 - 312.

Greenberg, J. (1984). Avoiding Tax Avoidance: A (repeated) Game-theoretic Approach. *Journal of Economic Theory*, 32 (1), 1 - 13.

Guala, F. and Mittone, L. (2005). Experiments in Economics: External Validity and the Robustness of Phenomena. *Journal of Economic Methodology*, 12 (4), 495 - 515.

Gupta, M. and Nagadevara, V. (2007). Audit Selection Strategy for Improving Tax Compliance: Application of Data Mining Techniques. In A. Agarwal and V. Ramana (Eds.). *Foundations of Risk-Based Audits*. Proceedings of the eleventh International Conference on e-Governance, Hyderabad, India, December 28 - 30.

Harel, A. and Segal, U. (1999). Criminal Law and Behavioral Law and Economics: Observations on the Neglected Role of Uncertainty in Deterring Crime. *American Law and Economics Review*, 1, 276 - 312.

Harrington, W. (1988). Enforcement Leverage When Penalties are Restricted. *Journal of Public Economics*, 37 (1), 29 - 53.

Harrison, G. W. and List, J. A. (2004). Field Experiments. *Journal of Economic Literature*, 42 (4), 1009 - 1055.

Herrmann, B., Thöni, C., and Gächter, S. (2008). Antisocial Punishment Across Societies. *Science*, 319 (5868), 1362 - 1367.

Hilgard, E. R. and Bower, G. H. (1975). *Theories of*

Learning. 4th ed. Englewood Cliffs, HJ: Prentice-Hall.

Hogarth, R. M. and Einhorn, H. J. (1992). Order Effects in Belief Updating: The Belief-Adjustment Model. *Cognitive Psychology*, 24, 1－55.

Hogarth, R. M. and Villeval, M. C. (2014). Intermittent Incentives and the Persistence of Effort: Experimental Evidence. *Journal of Economic Behavior & Organization*, 100, 1－19.

Houser, D., Xiao, E., McCabe, K., and Smith, V. (2008). When Punishment Fails: Research on Sanctions, Intentions and Non-cooperation. *Games and Economic Behavior*, 62, 509－532.

Isaac, R. M., McCue, K. F., and Plott, C. R. (1985). Public Goods Provision in an Experimental Environment. *Journal of Public Economics*, 26 (1), 51－74.

Kastlunger, B., Kirchler, E., Mittone, L., and Pitters, J. (2009). Sequences of Audits, Tax Compliance, and Taxpaying Strategies. *Journal of Economic Psychology*, 30, 405－418.

Keolis (2014). "Fraude: Comment Lutter?" Keo', February. Available online at Keolis' website (accessed 13 October, 2015).

Khwaja, M. S., Awasthi, R., and Loeprick, J. (2011). *Risk-Based Tax Audits: Approaches and Country Experiences*. World Bank, Washington D. C.

Kirchler, E. (2007). *The Economic Psychology of Tax Behaviour*. Cambridge: Cambridge University Press.

Kleiman, M. and Kilmer, B. (2009). The Dynamics of

Deterrence. *Proceedings of the National Academy of Sciences of the United States of America*, 106 (34), 14230 - 14235.

Kleiman, M. (2009). *When Brute Force Fails: How to Have Less Crime and Less Punishment*. Princeton: Princeton University Press.

Kleven, H. J., Knudsen, M. B., Kreiner, C. T., Pedersen, S., and Saez, E. (2011). Unwilling or Unable to Cheat? Evidence from a Tax Audit Experiment in Denmark. *Econometrica*, 79 (3), 651 - 692.

Lando, H. and Shavell, S. (2004). The Advantage of Focusing Law Enforcement Effort. *International Review of Law and Economics*, 24 (2), 209 - 218.

Landsberger, M. and Meilijson, I. (1982). Incentive Generating State Dependent Penalty System: The Case of Income Tax Evasion. *Journal of Public Economics*, 19 (3), 333 - 352.

Lazear, E. P. (2006). Speeding, Terrorism, and Teaching. *The Quarterly Journal of Economics*, 121 (3), 1029 - 1061.

Le Figaro (2013). " La Fraude Coûte 400 Millions D'euros *à* la SNCF et la RATP". lefigaro. fr, 29 August. Available online at Lefigaro's website (accessed 13 October, 2015).

Ledyard, O. (1995). Public Goods: Some Experimental Results. In J. Kagel and A. Roth (Eds.), *Handbook of Experimental Economics*. Princeton: Princeton University Press.

Levitt, S. and List, J. A. (2007). What Do Laboratory

Experiments Social Preferences Reveal About the Real World. *Journal of Economic Perspectives*, 21 (2): 153 - 174.

Levitt, S. D. and Miles, T. J. (2006). Economic Contributions to the Understanding of Crime. *Annu. Rev. Law Soc. Sci.*, 2, 147 - 164.

Liu, L. and Neilson, W. (2009). *Enforcement Leverage with Fixed Inspection Capacity*. Working Paper, Department of Economics and International Business, Sam Houston State University.

Lum, C. and Yang, S. M. (2005). Why do Evaluation Researchers in Crime and Justice Choose Non-experimental Methods? *Journal of Experimental Criminology*, 1 (2), 191 - 213.

Maciejovsky, B., Kirchler, E., and Schwarzenberger, H. (2007). Misperception of Chance and Loss Repair: On the Dynamics of Tax Compliance. *Journal of Economic Psychology*, 28 (6), 678 - 691.

Masclet, D., Noussair, C., Villeval, M., and Tucker, S. (2003). Monetary and Nonmonetary Punishment in the Voluntary Contributions Mechanism. *American Economic Review*, 93 (1), 366 - 380.

Masclet, D., Noussair, C., and Villeval, M. C. (2013). Threats and Punishment in Public Goods Experiments. *Economic Inquiry*, 51 (2), 1421 - 1441.

Masclet, D. and Villeval, M. C. (2008). Punishment,

Inequality and Welfare: A Public Good Experiment. *Social Choice and Welfare*, 31 (3), 475 - 502.

Mazar, N., Amir, O., and Ariely, D. (2008). The Dishonesty of Honest People: A Theory of Self-concept Maintenance. *Journal of Marketing Research*, 45 (6): 633 - 644.

Mazar, N. and Ariely, D. (2006). Dishonesty in Everyday Life and Its Policy Implications. *Journal of Public Policy and Marketing*, 25, 117 - 126.

Mazerolle and Bennett (2011). Experimental Criminology. Oxford Bibliographies.

Mittone, L. (2006). Dynamic Behaviour in Tax Evasion: An Experimental Approach. *The Journal of Socio-Economics*, 35 (5), 813 - 835.

Moeller, K. K. (2009). Police Crackdown on Christiania in Copenhagen. *Crime, Law and Social Change*, 52 (4), 337 - 345.

Nikiforakis, N. (2008). Punishment and Counter-punishment in Public Good Games: Can We Really Govern Ourselves? *Journal of Public Economics*, 92 (1 - 2), 91 - 112.

Nikiforakis, N. and Englemann, D. (2011). Altruistic Punishment and the Threat of Feuds. *Journal of Economic Behavior & Organization*, 78 (3), 319 - 332.

Nikiforakis, N., Normann, H. T., and Wallace, B. (2010). Asymmetric Enforcement of Cooperation in a Social Dilemma. *Southern Economic Journal*, 76, 638 - 659.

Nikiforakis, N. and Normann, H. T. (2008). A Comparative Statics Analysis of Punishment in Public-good Experiments. *Experimental Economics*, 11 (4), 358-369.

Nyarko, Y. and Schotter, A. (2002). An Experimental Study of Belief Learning Using Elicited Beliefs. *Econometrica*, 70 (3), 971-1005.

Polinsky, A. M. and Shavell, S. (2000). The Economic Theory of Public Enforcement of Law. *Journal of Economic Literature*, 38, 45-76.

Raymond, M. (1999). Enforcement Leverage When Penalties are Restricted: A Reconsideration under Asymmetric Information. *Journal of Public Economics*, 73 (2), 289-295.

Reuben, E. and Riedl, A. (2009). Public Goods Provision and Sanctioning in Privileged Groups. *Journal of Conflict Resolution*, 53, 72-93.

Ross, H. L. (1984). *Deterring the Drinking Driver: Legal Policy and Social Control*. Lexington, MA: Lexington Books.

Schultz, C. B. (1989). Economic Crimes in the People's Republic of China: A Swinging Door Policy. *American University International Law Review*, 5, 161-206.

Scotchmer, S. (1987). Audit classes and tax enforcement policy. *The American Economic Review*, 77 (2), 229-233.

Sherman, L. W. (1990). Police Crackdowns: Initial and Residual Deterrence. *Crime and Justice*, 12, 1.

Sherman，L. W.（2010）. An Introduction to Experimental Criminology//Handbook of Quantitative Criminology. New York：Springer Pubishing Company.

Sherman，L. W.，Williams，S.，Ariel，B.，Strang，L. R.，Wain，N.，Slothower，M.，and Norton，A.（2014）. An Integrated Theory of Hot Spots Patrol Strategy Implementing Prevention by Scaling up and Feeding Back. *Journal of Contemporary Criminal Justice*，30（2），95－122.

Slemrod，J.，Blumenthal，M.，and Christian，C.（2001）. Taxpayer Response to an Increased Probability of Audit：Evidence from a Controlled Experiment in Minnesota. *Journal of Public Economics*，79（3），455－483.

Snow，A. and Warren，R. S. Jr.（2005a）. Ambiguity about Audit Probability，Tax Compliance，and Taxpayer Welfare. *Economic Inquiry*，43（4），865－871.

Snow，A. and Warren，R. S. Jr.（2007）. Audit Uncertainty，Bayesian Updating，and Tax Evasion. *Public Finance Review*，35（5），555－571.

Spicer，M. W. and Thomas，J. E.（1982）. Audit Probabilities and Tax Evasion Decision：An Experimental Approach. *Journal of Economic Psychology*，2（3），241－245.

Tan，F. and Yim，A.（2014）. Can Strategic Uncertainty Help Deter Tax Evasion? An Experiment on Auditing Rules. *Journal of Economic Psychology*，40，161－174.

Teele，D. L.（2014）. *Field Experiments and Their Critics*: *Essays on the Uses and Abuses of Experimentation in the Social Sciences*. New Haven：Yale University Press.

Torgler，B.（2007）. *Tax Compliance and Tax Morale*：*A Theoretical and Empirical Analysis*. Cheltenham：Edward Elgar Publishing.

Tyran，J. R. and Feld L. P.（2006）. Achieving Compliance when Legal Sanctions are Non Deterrent. *Scandinavian Journal of Economics*，108（1），135－156.

Van Der Weele，J.（2012）. Beyond the State of Nature：Introducing Social Interactions in the Economic Model of Crime. *Review of Law and Economics*，8（2），401－432.

Van Huyck，J. B.，Battalio，R. C.，and Beil，R. O.（1990）. Tacit Coordination Games，Strategic Uncertainty，and Coordination Failure. *The American Economic Review*，234－248.

Van Huyck，J. B.，Battalio，R. C.，and Rankin，F. W.（1997）. On the Origin of Convention：Evidence from Coordination Games. *The Economic Journal*，107（442），576－596.

Whitehead，D.（2008）. The El Farol Bar Problem Revisited：Reinforcement Learning in a Potential Game. *ESE Discussion Papers*，186.

Yamagishi，T.（1986）. The Provision of a Sanctioning System as a Public Good. *Journal of Personality and Social Psychology*，51（1），110－116.